Gebrauchsanweisung für Bayern

Bruno Jonas

Gebrauchsanweisung für Bayern

... und für Bayerinnen

"I hob di narrisch gern!"

Anna

Piper München Zürich

Mehr über unsere Autoren und Bücher:
www.piper.de

MIX
Papier aus verantwortungsvollen Quellen
FSC® C083411

ISBN 978-3-492-27500-2
16. Auflage 2011
Überarbeitete Neuausgabe 2006

Gesamtherstellung: CPI – Clausen & Bosse, Leck
Printed in Germany

Inhalt

Zum Geleit

Es kann kein Zufall sein, daß der Piper Verlag mich aus der Schar der Bayernexperten auserkor, um mich zu beauftragen, ein weiteres unentbehrliches Büchlein über dieses seltsame Land der Bayern zu verfassen.

Ich habe versucht, mich dagegen zu wehren, so gut ich konnte. Aber wie Sie sehen, gelang es mir nicht, meiner Autorenschaft auszuweichen. Die Argumente, die für mich sprachen, überzeugten wider Erwarten auch mich, und Widerspruch war sowieso zwecklos. Mein Einwand, auch Nichtbayern könnten einen interessanten Blick auf das Land werfen, wurde vom Tisch gewischt. Man wolle einen Fachmann, schließlich käme ich aus Passau. Ich war mir, ehrlich gesagt, nicht sicher, ob meine Ansprechpartner beim Verlag sich wirklich im klaren darüber waren, mit wem sie es bei mir zu tun bekommen.

Richtig ist, ich stamme aus Passau, jener ausnehmend schönen Stadt im äußersten Osten Bayerns, in der schon viele schwärmerische Kollegen aus der schreibenden Zunft das Tor zum Balkan erblickten. Ich meinerseits habe das Tor zum Balkan nie dort erblickt und deshalb auch nie durchschritten. Von Passau kommt man heutzutage ganz gut auch in alle anderen Richtungen weg. Wenn man will. Das war nicht immer so. Die Zugverbindungen in die Landeshauptstadt München waren lange Zeit eher spärlich. Man konnte sich in aller Ruhe den Zug aussuchen. Denn es gab nur einen in der Früh und auf d'Nacht. Und es gab ja auch kaum Gründe, von Niederbayern nach München zu fahren. Auch mit dem Bau von Straßen ging man in der niederbayerischen Region meiner Heimat lange Zeit naturschonend um. Der ökologische Straßenbau war vorbildlich. Inzwischen ist das anders. Sowohl auf dem Schienenweg als auch über die Autobahn ist die Drei-Flüsse-Stadt optimal angebunden.

Passau ist Grenzstadt, und gleich hinter der Grenze, vielleicht sogar schon davor, beginnt Österreich. Aber seitdem dieser bayerische Nachbarstaat zu den EU-Mitgliedstaaten zählt, hat der Sinn der Grenze stark nachgelassen. Der Übergang von Bayern nach Österreich ist beinah unmerklich. Ich führe diese Tatsache nur deshalb hier an, um darauf hinzuweisen, daß ich schon sehr früh gelernt habe, den Unterschied zwischen Bayern und Österreich wahrzunehmen. Ich weiß also sehr gut, wo meine Grenzen sind.

Die Fähigkeit, Grenzen zu erkennen, kann allein selbstverständlich nicht ausreichen, um als Autor des vorliegenden Werks ernst genommen zu werden. Denn nur darum kann es gehen: um eine ernsthafte Auseinandersetzung mit dem Thema. Bayern und alles, was damit zusammenhängt, will und muß endlich ernst genommen werden. Die glorreiche Historie des Landes, Vergangenheit, Gegenwart und Zukunft Bayerns setzen eine gewisse Ehrfurcht voraus. Von dieser Warte aus betrachtet, bin ich dann doch wieder der Richtige, dachte ich, gell!

Zugegeben, der Name Bruno Jonas klingt nicht sehr bayerisch, und dennoch verweist er auf eine besondere Linie der bayerischen Geschichte. Mein Vater wurde nämlich nach dem Zweiten Weltkrieg aus Ostpreußen vertrieben und fand in Passau eine neue Heimat. Als »kriegsverletzter Landser«, wie er sich selbst immer auszudrücken pflegte, kam er in die überwiegend vom Roten Kreuz genutzte »Lazarettstadt« Passau und erlebte hier die Befreiung durch die Amerikaner. Kurze Zeit später entschloß sich mein Vater, als *Saupreiß* in Passau seßhaft zu werden. Einige Jahre später lernte er meine Mutter kennen, die an seinem ostpreußischen Charakter Gefallen fand, was wiederum nicht allen Angehörigen ihrer niederbayerischen Verwandtschaft gefiel. Die beiden durften aber trotzdem heiraten. Selbstverständlich nur nach katholischem Ritus. Mein Vater, der evangelisch war, mußte sich schriftlich verpflichten, die aus der Ehe hervorgehenden Kinder im katholischen Glauben zu erziehen. Nachdem er diese Hürde genommen hatte, stand der Verbindung zunächst nichts mehr im Wege. Ausschlaggebend für die Ehe dürfte der Beruf meines

Vaters gewesen sein. Er war Metzgermeister, wie übrigens auch die Väter einiger berühmter Bayern. Franz Josef Strauß war ebenfalls Sohn eines Metzgers. Dieser Beruf genießt in ganz Bayern sehr hohes Ansehen. Vor allem auf die ländliche Bevölkerung, die Bauernschaft, aus der meine Mutter stammt, macht dieser Berufsstand mächtigen Eindruck.

Aus der Ehe gingen drei Söhne hervor, deren ältester ich bin. Auf diese Weise fand der alte bayerisch-preußische Gegensatz in meiner Person einen versöhnlichen Klang. Die Vorfahren mütterlicherseits sind über Jahrhunderte niederbayerisch verwurzelt. Der Vater stammte aus Darkehmen / Angerrapp in Ostpreußen, jenem Ostpreußen, in dem sich der preußische Kurfürst Friedrich Wilhelm 1701 in aller Bescheidenheit selbst zum König in Preußen krönte.

Forschungen in meiner Familiengeschichte ergeben nun allerdings noch ein etwas differenzierteres Bild. Die Sippe der Jonas stammt ursprünglich aus dem Salzburger Land, saß damit auf einer urbayerischen Scholle und mußte wegen ihres protestantischen Glaubens 1722 mit 22 000 gleichgesinnten Salzburgern nach Preußen fliehen, wo sie unter Friedrich Wilhelm I. Asyl fanden. Väterlicherseits fand also zunächst eine Preußianisierung bayerischer Flüchtlinge statt. Die Familie lebte über zweihundert Jahre im Preußischen.

1945 wurde dann durch die katastrophalen Ergebnisse des Zweiten Weltkrieges die Rebajuwarisierung eines ehemals pränatal vertriebenen Bayern und nun heimatvertriebenen Preußen vollzogen. Ich trage also in den Tiefen meiner Seele bayerisch-preußische Grundstimmungen.

Diese Überlegungen ließen mich letztendlich zu dem Schluß kommen, daß ich als Autor dieser Gebrauchsanweisung für Bayern doch nicht ganz der Falsche sein könnte.

Das vorliegende Werk wird sich allen Vergleichen entziehen. Ein literarisches Kleinod glänzt im weiten Feld der Bavarica-Literatur.

Sollte sich bei Ihnen bereits jetzt, beim Lesen dieser Zeilen, das Gefühl einstellen, hier übertreibe jemand maßlos, so könnten Sie damit richtigliegen.

Da gehst her!

Sie haben sich für eine Reise nach Bayern entschieden, und Sie haben sich das gut überlegt. Selbstverständlich haben Sie das, Sie reisen schließlich nicht zum erstenmal in fremde Länder. Sie waren schon überall: in Afrika und Amerika, in Australien und Asien, den Süd- und auch den Nordpol haben Sie schon besichtigt in einer Vierzehn-Tage-Pauschalreise, aber es hat Sie gelangweilt. Und jetzt wollen Sie endlich mal in ein Land, wo alles anders ist – nach Bayern.

Durch Zufall haben Sie erfahren, daß dort die Menschen tatsächlich »Würschte« essen, die das Zwölfuhrläuten noch nicht gehört haben (nicht hören dürfen). Sie wollen nun überprüfen, ob es in Bayern tatsächlich Würste gibt, die hören können, und was passiert, wenn sie das Zwölfuhrläuten einmal doch hören?

Ihnen ist zu Ohren gekommen, daß Bayern immer

noch eine Monarchie ist, mit einem gewissen Kaiser Franz als Regenten, der als »Striezi«, »Bazi« und »Larifari« die drei bayerischen Wesensarten in sich vereint.

Sie haben bestimmt auch schon von den märchenhaft schönen Schlössern König Ludwigs II. gehört, von Neuschwanstein, Linderhof, Herrenchiemsee, vom grünen Hügel in Bayreuth und von Richard Wagner. Möglicherweise haben Sie sogar schon einmal eine Oper von Wagner erleben dürfen und sich gefragt, ob das wirklich so lange dauern muß? (Ich kann Sie beruhigen, nicht alles dauert in Bayern so lange wie eine Wagneroper, wenngleich auch vieles seine Zeit braucht. Bauanträge zum Beispiel. Falls Sie aber die Wahl haben sollten zwischen einem Bauantrag und einer Wagneroper, empfehle ich Ihnen die Wagneroper. Da können Sie sicher sein, daß sie irgendwann zum Ende kommt. Beim Bauantrag ist das nicht so sicher.)

Man hat Ihnen eventuell zugeraunt, daß in Bayern sogar die Uhren anders gehen. Bestimmt haben Sie den Spruch schon einmal gehört. Sie wissen, was das heißt? Damit soll ausgedrückt werden, daß etwas Unabänderliches wie das Verrinnen der Zeit, das überall auf der Welt nach den gleichen Gesetzmäßigkeiten vonstatten geht, in Bayern auf andere Weise geschieht.

Nun, die Uhren gehen selbstverständlich auch in Bayern nicht anders als anderswo. Eine Halbzeit beim Fußball dauert auch in Bayern 45 Minuten, und die Zeiger bewegen sich rechtsherum. Das ist ja auch verständlich, die Uhr wurde schließlich in Bayern erfunden. Natürlich arbeitet man auch in Bayern mit Linksgewinden, Schrauben werden rechtsherum hineingedreht. Doch nicht nur Schrauben. Festgezogen werden die Dinge grundsätzlich rechtsherum. Das gilt sogar für linksbestimmte Gesellschaften. Dies kann also keine bayerische Eigenheit sein.

Wo unterscheidet sich also das Unabänderliche in Bayern vom normalen unabänderlichen Verlauf der Dinge in anderen Erdteilen? Gelten vielleicht die Gesetze der Physik in Bayern nicht? Wie steht es mit den Newtonschen Fallgesetzen? Fällt der Apfel zwar wie überall nicht weit vom Stamm, aber dennoch nicht nach unten, sondern vielleicht sogar nach oben? So wie auf dem Mond? Oder gar hinter dem Mond? Es fällt mal einer auch nach oben, schon, ja, kann vorkommen, aber dann hat einer nachgeholfen und die Gesetze der Schwerkraft in bayerischer Weise zur Anwendung gebracht. In Bayern ist auch das Unmögliche möglich. Grundsätzlich betrachtet. Hinter Bayern verbirgt sich das Grundsätzliche. Grundsätzlich gilt, daß in Bayern alle Gesetze gelten. Manchmal aber auch nicht. Beziehungsweise sie gelten auf eine andere Weise.

Das Grundgesetz jedenfalls gilt auch in Bayern, auch wenn wir an dieser Stelle darauf hinweisen müssen, daß es beinah nicht in Kraft getreten wäre – in Bayern. Eine Mehrheit von 101 bayerischen Abgeordneten lehnte es ab, so daß das Grundgesetz bei der Gründung der Bundesrepublik im bayerischen Landtag keine Mehrheit gefunden hatte. Und doch gilt es bis zum heutigen Tag auch im Freistaat Bayern. Ist das nicht merkwürdig? Wie kam es dazu?

Der damalige Ministerpräsident Ehard ließ über einen Zusatzantrag abstimmen. Für den Fall, daß die anderen Länder der Westzonen das Grundgesetz annehmen sollten, würde sich auch Bayern nicht ausschließen und das Provisorium auf seinem Staatsgebiet gelten lassen. Und so kam es, daß es gilt. Der Vollständigkeit halber bleibt hier anzufügen, daß die Bayern sich eine eigene, selbstverständlich bayerische Verfassung gaben. In Bayern gelten sozusagen zwei Verfassungen, was den Vorteil hat, daß die Bayern jede Menge Grundrechte in Anspruch nehmen können.

Und auch eine bayerische Nationalhymne wird gerne intoniert. Sie beendet täglich um null Uhr das Programm des Bayerischen Rundfunks.

»Gott mit Dir, Du Land der Bayern
deutsche Erde Vaterland
über Deinen weiten Gauen
ruhet seine Segenshand…«

Das könnte eine bayerische Besonderheit sein. Über welchem anderen Land ruht Gottes Segenshand? Nur, warum legt Gott ausgerechnet in Bayern seine Hand zur Ruh? Bayern ist ein Paradies, ein Land, in dem Milch und Honig fließen.

Aber außer diesen beiden Köstlichkeiten fließt noch einiges mehr in Bayern. Viel Wasser fließt nicht nur die Isar hinunter, sondern auch den Lech, die Donau und den Inn, und Geld fließt auch viel in Bayern, von dem man nicht immer genau weiß, wo es herkommt und wo es hingeflossen ist. Was nicht weiter kümmert, denn wo viel fließt, ist viel in Bewegung.

Auch wenn Bayern mit dem Vorurteil der Unbeweglichkeit zu kämpfen hat, ist es doch ein bewegliches Land, will sagen, es läßt sich etwas bewegen, wenn etwas fließt. Überall sorgt in den bayerischen Breiten ein frischer Wind dafür, die alten Vorurteile zu verwehen. Nichts ist mehr rückständig an Bayern. Im Gegenteil, Bayern marschiert an der Spitze des Fortschritts. Ökologie und Fortschritt, Laptop und Lederhose finden ihre Entsprechung in der bayerischen Natur. Chemie und Kuhmist, Handy und Haferlschuh. Von den Spitzen der Kirchtürme erreichen die göttlichen Segenswellen die hintersten Winkel der Gaue, und über allem ist ein weiß-blauer Himmel aufgespannt, der Dörfer, Städte und Gemeinden immer schöner werden läßt. Alles zusammen läßt die Einmaligkeit der bayerischen Landschaft entstehen.

Vor allem bayerische Politiker der CSU werden nicht müde, ihr Land »über den Schellnkini« zu loben. Jemanden über den Schellenkönig zu loben ist eine typisch bayerische Redensart des uneingeschränkten Lobes. Auf Bayern bezogen, heißt das soviel wie: Bayern ist unübertrefflich, nicht zu toppen, das Höchste überhaupt und nicht mehr zu steigern. Bayern ist in jeder Hinsicht ein Superlativ, das sollte Ihnen schon vor Reiseantritt klar sein. Bayern hat mit allem, was dazugehört, seine Entwicklung abgeschlossen und sein vollendetes Stadium erreicht. Sollten Sie daran aus irgendwelchen Gründen Zweifel hegen, werden Sie spätestens während Ihres Aufenthaltes in Bayern eines Besseren belehrt werden.

Und in der Tat ist es so: Wer das Glück hat, in Bayern seine Heimat zu haben, kann ein größtmögliches Maß an Lebensqualität genießen.

Wo verläuft der Weißwurschtäquator?

Die Grenzen des Freistaates sind, rein geographisch, bekannt. Man kennt seine Grenzen. Oder besser gesagt, der Bayer kennt seine Grenzen. Nur, so ganz stimmt das nicht immer.

Es gibt da zum Beispiel Fußball spielende Bayern, die grenzenlos blöd daherreden können. So hat der Präsident des FC Bayern öffentlich den Wunsch geäußert, das Olympiastadion möge von Terroristen in die Luft gesprengt werden, weil es als Fußballarena ganz und gar untauglich sei. Freilich war das nur ein Spaß, den aber manche gar nicht komisch finden konnten. Ja mei, so ist das halt, wenn eine Lichtgestalt einen Witz macht. Möglicherweise hat das weniger mit Bayern zu tun als vielmehr mit dem Fußballsport an sich. Der Fußball als solches hat wiederum sehr viel mit Bayern zu tun, und die balltretenden Angestellten des Vereins lassen sich jedes Jahr zu Saisonbeginn in Lederhosen ablichten. Das ist besonders lustig, wenn man bedenkt, daß zur Zeit ein einziger gebürtiger Bayer in der Mannschaft des Vereins kickt. Ob der Verein durch dieses Bild ein Zeichen der Menschlichkeit setzen will und mit dem Foto darauf hinweisen möchte, daß jeder Mensch, ganz gleich, woher er kommt, in einer Lederhose Platz findet, wissen wir nicht. Auch wenn es nur eine Gaudi sein sollte, könnte man im Sinne einer ausländerfreundlichen Toleranz annehmen, daß jeder Mensch das Zeug wenn schon nicht zum Bayern, so wenigstens zum Lederhosenträger hat. Wir wollen für den Verein und auch für Bayern diesbezüglich das Beste hoffen. Zumindest im fußballerischen Bereich kennt der Bayer keine Grenzen, wenn es darum geht, einen passenden Spieler nach Bayern zu holen.

Aber, dem Herrn sei's gedankt, die wenigsten kommen nach Bayern, um hier gegen den Ball zu treten. Die meisten kommen, um Land und Leute kennenzulernen. Nicht abgestritten werden kann, daß sie bei diesem Vorhaben mitunter an Grenzen stoßen. Kurz und gut, über Bayerns Grenzen läßt sich viel und lange reden. Fest steht, das politische Gebilde liegt im Süden der Bundesrepublik. Im Westen durch den Lech begrenzt, im Osten durch Inn und Salzach und die Gipfel des Bayerischen Waldes, im Süden durch die Alpen und im Norden durch den Main, der mit dem Weißwurschtäquator für eine klare Trennlinie zu den nichtbayerischen Gefilden sorgt.

Im Süden die erhabene Größe der Alpen, im Südosten der geheimnisumwobene, mystisch aufgeladene

Bayerische Wald, im Norden die bedrohliche Offenheit hin zum flachen Land, im Westen eine Fortsetzung des endmoränigen Voralpenlandes – im Grunde genommen auch ein noch bayerisch geformter Landstrich, der aber doch schon das beginnende Unbayerische markiert und am Rhein seine Grenze findet.

Die bayerische, von der Natur vorgegebene Szenerie, das heimatspendende Land der Bayern, in dem sich dieser Menschenschlag zur Vollendung entwikkeln konnte und bis heute, wie es heißt, »sauwohl« fühlt, hat die bayerische Seele und Gefühlswelt entscheidend geprägt. Wenn dem nicht so wäre, würden wir überall auf der Welt den gleichen Menschentyp antreffen.

Der Bayer kommt ursprünglich aus dem Wald. Nachdem er in den Wald hineingekommen war, kam er zunächst nicht mehr raus. Als die ersten Bayern das Land nahmen, standen sie im wahrsten Sinne des Wortes im Wald.

»Nirgends aber wird diese Waldverbundenheit der ersten bayerischen Jahrhunderte deutlicher als in den vielen Abfärbungen für die eine Bezeichnung ›Wald‹. Da ist ›Holz‹ als das ganz allgemeine Wort, ›Hart‹ als der Weidewald, ›Forst‹ als der gebannte Wald; ›Loh‹ bezeichnet das schüttere Laubgehölz, ›Tann‹ ist der düstere Nadelwald. Während im lateinischen ›Eremus‹ der Klosterbrüder von Schliersee und Metten, Freising und Salzburg die ganze Öde und Einsamkeit des Urwaldes anklingt.« (Benno Hubensteiner, »Bayerische Geschichte«, München, 3. Aufl. 1999)

Die Waldverbundenheit ist dem Bayern noch heute

eigen. Der Trachtenanzug ist ein äußeres Zeichen dafür. Wir können diese Kleidung als Tarnanzug auffassen, mit welcher der Träger sich den Farben des Waldes anpaßt und ins ihn umgebende Grün eintaucht. Mit dem Tragen eines Trachtenanzugs outet sich der heimatliebende Bayer als »beweglicher Baum«, der seine Verbundenheit mit dem Holz zur Schau stellen möchte.

Das heutige Bayern ist nur noch in Teilen bewaldet. Doch hat die Bayerische Staatsregierung bereits in den siebziger Jahren einen Nationalpark Bayerischer Wald eingerichtet, wo man den Wald wieder sich selbst überläßt, mit der Absicht, den ursprünglichen Urwald wuchern zu lassen. Inzwischen ist es gelungen, auch bereits ausgestorbene Tierarten wieder im Bayerischen Wald heimisch werden zu lassen. Wie mir der Leiter des Parks versicherte: »Samma wieder komplett! Wölfe, Bären, Luchse, alles haben wir wieder da!«

Von tief vom Walde komm' ich her...

Darf ich Ihnen einen Rat geben? Kommen Sie über Böhmen nach Bayern. Machen Sie sich von Prag aus auf den Weg nach Bayern. Nehmen Sie den Umweg über Budweis und Krumau. Von dort suchen Sie am besten den Weg über die Moldau, und um direkt nach Bayern zu kommen, sollten Sie Österreich meiden und den Grenzübergang Philippsreut finden. Dazu empfiehlt es sich, wieder über Krumau und Budweis zurückzufahren, um dann über Prachatiz Richtung Bayern vorzustoßen. Sie durchschreiten auf diesem Weg den Bayerischen Wald und können auf diese Weise die alten Pfade und Wege der ersten Bayern unter Ihren Füßen spüren. Allerdings in umgekehrter Richtung. Denn es waren Bayern, die durch den Wald nach Böhmen kamen, um dort zu siedeln. Sie nehmen also den Weg von Böhmen nach Bayern und stehen gleich zu Beginn Ihres Besuchs im Wald. Diese Erfahrung kann nur von Vorteil sein. Sie blicken nicht durch, Sie kennen sich nicht aus. Dadurch spüren Sie einerseits die Angst, verloren zu sein, und andererseits gewinnen Sie eine frische Neugier auf das Land, auf die Leute und vor allem auf die Natur, die Sie im Bayerischen Wald gefangennehmen wird.

Stellen wir uns vor, Sie haben sich verlaufen im tiefen Tann des Böhmerwaldes. Ein bißchen unheimlich wird es Ihnen schon werden. Der Wald, den Sie vor lauter Bäumen nicht sehen, er wird bedrohlich auf Sie einwirken. Die Farben, die Töne, die Gerüche werden archetypische Ahnungen in Ihrer Seele wachrufen. Könnte gut sein, daß der Bayerische Wald ein uraltes Programm aufruft. Eine Hinwendung zu übernatürlichen Wesen könnte sich schon einstellen. Die Abgeschlossenheit des Waldes kann den härtesten Atheisten aufweichen. Und er denkt, er höre nicht richtig, wenn er laut zu sich spricht: Gelobt sei Jesus Christus!

Selbstverständlich sind die Bewohner des Bayerischen Waldes tief gläubig und beten zu Gott dem Allmächtigen wie überall in Bayern. Doch sollte man bedenken, der Geist Gottes kommt immer von oben, in Gestalt einer Taube fliegt er vom Himmel herab, um seinen Geist zu versprühen.

Im Bayerischen Wald wird das Göttliche von unten, aus der Erde emporsteigend, vom Menschen empfangen. Im Wald haust ein unberechenbarer Geist, ein grimmiger Beweger und Verwüster. Das Unheil lauert unter dem kriechenden Röhricht und ächzt im knorrigen Ast. Das Bächlein rauscht am Granit und flüstert gar lieblich und geheimnisvoll. Der Nebel zieht über moorige Ebenen.

Mancher kam aus dieser sagenhaften Welt zurück und berichtete mit ehrfürchtiger Stimme, er sei mit magischen Kräften in Kontakt gekommen und habe Geschichten vernommen. Ja, ja, das ist gut möglich. Im Woid gehen viele Geschichten und Sagen um. Die unheimlichen Legenden brechen aus der Landschaft hervor. Die steil abfallenden Täler, die tiefen Schluchten und Kessel lassen eine unangenehme Stille entstehen, in der sich die Menschen verwandeln zu Medien. Sie beginnen Prophezeiungen zu machen. So einer war der Mühlhiasl aus Apoig. Seine Prophezeiungen sind nicht vergessen und werden im Bayerischen Wald immer wieder erzählt. »Alles nimmt seinen Anfang, wenn ein großer weißer Vogel oder ein Fisch über den Wald fliegt – dann kommt der Krieg und noch einer, und dann wird der letzte kommen.«

Sie sollten wenigstens ab und zu nach oben schauen, wenn Sie sich im Wald befinden und Ausschau halten nach dem fliegenden Fisch. Vielleicht sehen Sie ihn ja.

Wir sollten uns nicht darüber lustig machen. Wer einmal im Bayerischen Wald von dieser jenseitigen Landschaft angeschaut wurde, versteht, daß sich die Wahrnehmung ändern kann. In der Einsamkeit des Bayerischen Waldes werden die Menschen zu Sehern. Die bekanntesten Visionen sind von Matthias Stromberger und dem Mühlner Hias von Apoig bei Windberg in der Nähe von Zwiesel überliefert. Dieser Mühlhiasl, so erzählt man sich im Volk, habe seinen eigenen Tod vorausgesagt. »Ich komm euch als Toter noch aus.« Und tatsächlich, auf der Fahrt zum Friedhof fiel der Sarg des toten Sehers auf der Brücke über den schwarzen Regen vom Wagen. Der Sargdeckel sprang auf, und der Mühlhiasl schaute heraus.

Nach Zwiesel sollten Sie in jedem Fall fahren. Auch wenn Sie vom Bayerwaldseher nichts wissen wollen, so sollten Sie schon wegen der Glaskunst diesen Ort besuchen. Die bekanntesten Glashütten befinden sich in Zwiesel und Umgebung. Sie haben Gelegenheit, Glasbläser und Glasschleifer bei der Arbeit zu beobachten.

Die Natur des Bayerischen Waldes ist geizig und hält die lebenspendenden Früchte zurück. Die Böden sind karg und steinig. Der Mensch muß kämpfen mit der Natur, um ihr die notwendigen Gaben zu entreißen. Das Wetter ist rücksichtslos, das Klima unnachgiebig. Der kalte Wind aus Böhmen ist scharf und rauh.

Auf den Höhen der Gipfel des Bayerischen Waldes haben Sie den kalten Böhmerwind im Rücken. Steigen Sie hinab in die Täler, und wandern Sie der Donau zu. Sehr zu empfehlen ist der Weg entlang der Ilz, die in Passau in die Donau fließt.

Machen Sie sich auf den Weg, und genießen Sie am Ende den Blick von der Feste Oberhaus, der Trutzburg der Passauer Fürstbischöfe. Sie werden nachvollziehen können, warum Alexander von Humboldt die Stadt zu den sieben schönsten der Welt zählte. Sie werden mit mir der Meinung sein, daß die Donau in den Inn mündet, und nicht umgekehrt. Der Inn wird um seine wahre Länge betrogen. Schauen Sie genau hin. Der Inn macht sich nicht viel draus. Er nimmt diese Ungerechtigkeit hin und strömt, meist grün, dahin.

Von Zuagroasten und anderen echten Bayern

Wenn Sie aus dem Süden anreisen, könnten Sie aus Versehen ins Österreichische geraten und glauben, Sie befänden sich in Bayern. Die Unterschiede zwischen Bayern und Österreich sind für den Neuling nicht auf Anhieb erkennbar. Das ist verständlich, da Österreich ursprünglich einmal bayerisch war und noch viele Gemeinsamkeiten mit Bayern aufweist. Genaugenommen aber müssen wir Österreich als bayerischen Abfall betrachten. Denn dieses Land war einmal ein bayerisches Teilherzogtum und wurde bayerisch kolonisiert. Von daher sind, oberflächlich betrachtet, Verwechslungen möglich.

Das gleiche gilt für Südtirol. Auch in dieser Region könnte der Unerfahrene dem Glauben verfallen, bereits in Bayern zu sein. Südtirol gehörte einmal zu Bayern. Obwohl diese Region schon lange italienisch verwaltet und regiert wird, finden wir zahlreiche bayerische Spuren im Land. Brixen, Bozen und Meran wurden vom Kloster Innichen aus bayerisch geprägt. Der Südtiroler Dialekt weist große Ähnlichkeiten mit dem bayerischen auf. Das ungeübte Ohr könnte sich dort schon in Bayern wähnen.

Auf die gesprochenen Laute in einer Region sollten Sie sich also nicht verlassen. Nur weil es irgendwie bayerisch klingt, sind Sie noch lange nicht in Bayern.

Falls Sie, vom Norden kommend, nach Bayern einreisen, könnten Sie dem Irrglauben aufsitzen, noch in Hessen, also im nichtbayerischen Nachbarland zu weilen, während Sie längst bayerischen Boden betreten haben. Sie sollten sich nicht verwirren lassen. Nur weil Sie keine tiefbayerischen Sprachlaute hören, befinden Sie sich deshalb noch lange nicht außerhalb des bayerischen Hoheitsgebietes.

Ähnlichen phonetischen Täuschungen könnten Sie erliegen, wenn Sie sich von Westen her dem bayerischen Freistaat nähern. Im Grenzgebiet zwischen Schwaben und Bayern sind die sprachlichen Grenzen fließend. Vor allem für den Fremden, dessen Ohren das bayerische Idiom bisher nur selten vernommen haben, klingt es ungewohnt, und er ist deshalb möglicherweise bereit, alle irgendwie an sein Ohr dringenden, im weitesten Sinne bayerisch tönenden Sprachäußerungen vereinfachend unter dem Etikett »Originalton Süd« einzuordnen. Jener Sprachunkundige wird vorschnell den Fehlschluß ziehen, er befinde sich aufgrund der vernommenen sprachlichen Klänge auf bayerischem Boden.

In München, der heimlichen Hauptstadt, ist es wieder ganz anders: dort wird meist kein reines Bayerisch gesprochen, sondern Münchnerisch, ein Gemisch aus Hochdeutsch und Bayerisch, angereichert mit vielen internationalen Akzenten, ein an die vielen dort lebenden Zuagroasten adaptierter Dialekt. Viele »echte« Münchner bedauern dies und befürchten ein Verschwinden des bayerischen Dialekts. Diese fremden Einflüsse verwässerten nicht nur die schöne bayerische Sprache, sondern auch die bayerische Kultur und Lebensart. Auf diese Weise könnte der Eindruck entstehen, München sei die unbayerischste Stadt in Bayern. Doch das Gegenteil ist der Fall. Da Bayern von Anfang an durch das »Prinzip Zuwanderung« entstanden ist, läßt sich in der Weltstadt mit Herz an den vielen Zuagroasten das ursprüngliche Bayern am besten studieren. Die in München lebende Völkermelange zeigt exemplarisch ein zutiefst bayerisches Prinzip.

Leider gibt es immer wieder Menschen aus Übersee, die sich schwer damit tun, Österreich, die Schweiz, Südtirol, Deutschland und Bayern auseinanderzuhalten. Sie werfen alles in einen Topf und halten diese Regionen für zu Bayern gehörig. Das schmeichelt einerseits den Bayern, weil dadurch eine gewisse ethnische Dominanz zutage tritt, andererseits wird wieder einmal das inzwischen weitverbreitete Unvermögen zu klarer Unterscheidung deutlich. Es stimmt traurig, wenn dem allgemeinen Trend zur Simplifizierung dermaßen unverhohlen Vorschub geleistet wird. Doch weisen Vereinfachungen oft auf einen weiterführenden Aspekt hin. Im vorliegenden Fall liegen die Vereinfacher so falsch nicht. Grundsätzlich liegt man nie falsch, wenn man Bayern für größer hält, als es tatsächlich ist. Auch Bayern pflegen vorsichtshalber diese Sichtweise. Je größer man Bayern annimmt, desto leichter findet es in der eigenen Vorstellung Platz.

Für die Bayern hat das den immensen Vorteil, daß sie sich auch außerhalb Bayerns zumindest geistig daheim fühlen können. Bayerischer Geist strahlt ja immer über die Grenzen des heutigen Bayerns hinaus. Das hat Tradition und ist geschichtlich zu belegen. Beispielsweise haben von Passau aus die Fürstbischöfe über Wien bis nach Budapest auf Kultur und Politik dieser Regionen Einfluß ausgeübt. Die Mutterkirche des Wiener Stephansdoms steht in Passau. Die Gebeine der heiligen Gisela, der Schutzpatronin Ungarns, lagern in Passau.

Gut möglich, daß Sie auf einen Bayern treffen, der von ehemaligen bayerischen Grenzen träumt und mit leuchtenden Augen ins Schwärmen gerät.

Wenn er sich auskennt, wird er nicht lange mit seinem Wissen hinter dem Berg halten und Ihnen mitteilen, daß um das Jahr 1000 n. Chr. Bayern seine größte Ausdehnung erfahren hat. Große Teile des heutigen Österreichs, Kärnten, die Steiermark bis nach Kroatien hinunter, waren damals bayerisch. Verona und Venedig waren bayerische Städte, die Adria eine bayerische Küste. Vielleicht liegt hier ein Grund, warum zur Ferienzeit jedes Jahr wieder aufs neue diese Adriastrände zumindest zeitweise von vielen Bayern annektiert werden.

Es kann deshalb nicht verwundern, daß Gedanken an ein größeres Bayern nie ganz aus den Köpfen verschwunden sind und bisweilen gefragt wird, ob das heutige Bayern nicht zu eng gefaßt ist. Deshalb taucht immer wieder die Frage auf: Liegt Bayern wirklich da, wo wir es vermuten, oder finden wir es auch anderswo? Sie müssen jetzt nicht den Kopf schütteln, diese Frage ist nicht so blöd, wie Sie denken mögen.

Bayerischer Geist weht überall auf der Welt, bayerisches Brauchtum können wir auch in Amerika bewundern, und die bayerische Art, die Freizeit zu gestalten, ist ebenfalls nicht auf den Freistaat beschränkt. Es scheint so, daß bayerischen Eigenheiten der Drang zur grenzüberschreitenden Verbreitung innewohnt. In Tokio steht auch ein Hofbräuhaus, in New York gibt es auch ein Oktoberfest, und in Argentinien gibt es einen Ort, den fast nichts von einem typisch bayerischen Dorf unterscheidet, außer daß die Ortschaft in Argentinien liegt.

Warum sollte es nicht auch ein Land geben, das ständig in Bewegung ist. Ein Land mit beweglichen Grenzen, das sich immer gerade dort befindet, wo sich seine Bewohner aufhalten? Im Zeitalter der Globalisierung ist diese Vorstellung nicht mehr so abwegig.

Gibt es vielleicht so etwas wie das mobile Bayern, vergleichbar den Niederlanden, wo man zumindest zeitweise annehmen könnte, Holland sei ständig mit Wohnwagen auf der Autobahn unterwegs, weil zu Hause alles mit Tulpen und Käse zugewuchert ist. Bedenkt man, wie viele Holländer permanent die deutschen Autobahnen verstopfen, so könnte man tatsächlich vermuten, im niederländischen Königreich herrschten dermaßen lebensfeindliche Verhältnisse, daß diesem Volk als Ausweg nur die Flucht bleibt.

Mit einem speziell bayerischen Phänomen dieser Art können wir allerdings nicht dienen. Aus Bayern sind Fluchtbewegungen bisher nicht bekannt geworden. Flüchtlinge aus Bayern sind extrem selten. Warum auch sollte jemand aus Bayern flüchten? Vor was und vor wem sollten die Menschen in Bayern abhauen? Wir beobachten genau das Gegenteil. Alle wollen nach Bayern, Sie ja auch.

Wir setzen also voraus, daß sich der gebildete Reisende vor Reiseantritt beispielsweise über die segensreiche bayerische Agrarstruktur informiert hat. Wie könnte es anders sein? Sie haben im Fernsehen – hoffentlich im bayerischen – Berichte gesehen, in denen die vorbildliche Produktion der bayerischen Landwirtschaft herausgestellt wurde. Sie kennen den bayerischen Landwirtschaftsminister, Sie wissen um die gelungene Flurbereinigung der bayerischen Flure und verneigen ehrfürchtig das Haupt vor den effektiven Umweltschutzmaßnahmen des Bayerischen Umweltschutzministeriums. Sie bewundern die Sicherheit der bayerischen Atomkraftwerke und freuen sich über die unzähligen Staustufen in den bayerischen Flüssen. Sie jubeln über die gelungene Symbiose von Natur und Kanal im Altmühltal.

Die Bilder von fetten Almwiesen, auf denen glückliche Kühe grasen, haben sich Ihnen unvergeßlich eingeprägt. Sie tragen sie seitdem abgespeichert in Ihrem

Herzen. Selbstverständlich wissen Sie als gebildeter Reisender, daß der höchste Gipfel Bayerns zugleich auch der höchste Berg Deutschlands ist und Bayern damit einmal mehr seine Spitze beweist.

Des weiteren ist anzunehmen, daß die prächtigsten Barockkirchen, die zweifelsfrei auf bayerischem Boden stehen, Ihre Neugier so sehr erregten, daß Sie sich nichts sehnlicher wünschen, als Ihre verwöhnten Augen mit einem Blick auf die barocke Pracht eines der weltberühmten Gotteshäuser zu München, Salzburg oder Passau zu erfrischen.

Sie erwägen eine Wallfahrt zur schwarzen Madonna, die – daran glauben Sie – in der Gnadenkapelle zu Altötting auf Ihr Gelübde wartet. Der legendäre Ruf des Hotels zur Post am selben Ort ist auch bis zu Ihnen gedrungen, und Sie hoffen auf eine Begegnung mit dem Wirt, weil Sie von seiner steuerherabsetzenden Art überzeugt sind.

Sie möchten die bescheidene Architektur der neuen Münchner Staatskanzlei bewundern, in der Allianz-Arena den FC Bayern München verlieren sehen, Bekkenbauer reden hören, kurz: Sie möchten kulturelle Höhepunkte erleben!

Sie wissen, daß in München ein Hofbräuhaus steht, und kennen die Melodie der Gemütlichkeitshymne »Ein Prosit, ein Prosit der Gemütlichkeit, oans, zwoa, gsuffa«. Sie wollen auf die Wiesn, das Oktoberfest, das jedes Jahr von Tausenden von Saufwütigen und Rauschgewillten aus aller Herren Länder aufgesucht wird. Das echte bayerische Bier, das Grundnahrungsmittel der Bayern, gebraut nach dem Reinheitsgebot von 1516, wollen Sie natürlich genießen, ausgeschenkt vom Faß, und trinken wollen Sie es unbedingt – das ist gar keine Frage – aus einem Maßkrug, der ein Bild von »unserm Kini« zeigt. Und am liebsten hätten Sie es, wenn es nur recht zünftig zuginge bei Ihrer Brotzeit und Sie einstimmen könnten in das berühmte bayerische Lied: In München steht ein Hofbräuhaus, oans, zwoa, gsuffa.

Vermutlich wollen Sie voll eintauchen in die weißblaue Welt mit Kammerfensterln und Goaßlschnalzern, mit Trachtlern und Schützen, mit Jodeln und Gstanzln, Schuhplatteln und Zwiefache, fesche Dirndln, stramme Wadln, Gemsen und Jäger und Wilderer in Berg und Tal. Des weiteren wollen Sie unbedingt in einem originellen Herrgottswinkel hocken und zünftig jene Weißwürscht zutzeln, die das Zwölfuhrläuten noch nicht gehört haben.

Ja, so ungefähr hätten Sie es gern, gell? Ja, schon. Und wenn Sie es wirklich wollen, so kriegen Sie dieses bayerische Angebot auch genau so präsentiert, wie ich es eben beschrieben habe. Vielleicht sogar noch schlimmer. Es muß aber nicht sein. Manchmal ist das Schicksal ja gnädig. Und falls nicht, vielleicht gefällt es Ihnen trotzdem? Ganz auszuschließen ist das nicht, denn sonst gäbe es nicht so viele Gelegenheiten, dieses Bayern zu erfahren, oder sollte ich besser sagen: zu konsumieren. Denn ein Geschäft ist es allemal. Wenn Sie ordentlich dafür blechen, freuen sich der Fremdenverkehrsreferent und die Gemeinde. Als weitgereister Globetrotter kennen Sie diese Praktiken aus anderen

Ländern ja schon. Neben ober- und niederbayerischen Abenden können Sie auch schwäbische, fränkische, oberpfälzische, sudetendeutsche, ja sogar schlesische Heimatabende genießen.

Daneben gibt es auch das echte und ehrliche Brauchtum. In Altbayern, in Oberbayern, Niederbayern und der Oberpfalz finden sich viele traditionsbewußte Bayern, die sich in den alten Bräuchen wiederfinden und sich große Verdienste in der Brauchtumspflege erwerben. Ja mei, warum nicht.

Das Krachlederne (Lederhosen, als Erklärung für total Unwissende), Zünftige gehört auch zu Bayern, und selbst wenn es kommerzialisiert daherkommt, um damit depperte Touristen zu unterhalten, so ist das halt nichts anderes als ein Geschäft. Und Sie wissen, daß Sie mit ein wenig Aufmerksamkeit diese Touristenfallen leicht umgehen können. Die Veranstalter dieses Bayernbildes hängen nämlich freundlicherweise Plakate auf, so daß sich hinterher niemand beschweren kann, wenn er die Warnung auf dem Aushang nicht ernst genommen hat und auf einem solch weiß-blauen Heimatabend tatsächlich mit diesem Krachbayern traktiert wird. Ich will das weiß-blaue Getümel aber nicht grundsätzlich verteufeln. Man muß nur wissen, es ist aufgesetzt, es ist Larve und Fassade. Wenn es einer unbedingt braucht, kann er es haben. Er muß es nur aushalten können.

Mia san mia!

Vielleicht haben Sie Glück und treffen auf einen typischen Bayern. Die gibt es nämlich noch. Typisch für diese Spezies ist ihr Stolz auf Bayern und seine jahrtausendealte Geschichte. Vielleicht treffen Sie ihn in einem gutbürgerlichen Wirtshaus, wo er an einem Tisch im Herrgottseck hockt und nichts dagegen hat, wenn Sie sich zu ihm setzen. Nehmen Sie Platz und lauschen Sie. Wenn er ein typischer Vertreter des stolzen Bayerntums ist, wird er mit seinen weiß-blauen Erkenntnissen nicht lange hinter dem Berg halten. Kann gut sein, daß auch er nicht den bayerischen Dialekt spricht, der so gut zu seinen Ausführungen passen würde, aber das tut nichts zur Sache. Er wird sich bemühen, besonders bayerisch zu klingen, und nur ab und zu wird sein wahrer Dialekt durchschimmern.

Sie sollten sich Zeit nehmen, denn er beginnt zwar

nicht bei Adam und Eva, aber die Geschichte von der Sintflut sollte Ihnen schon geläufig sein. Es gibt da nämlich eine alte Legende, die manche in Bayern für wahr halten. Danach sollen sich bereits in der Arche Noah Bayern befunden haben. Ja, Noah selbst soll ein Bayer, genauer gesagt ein Niederbayer gewesen sein. Es herrschte lange die Meinung, die Bayern stammten ursprünglich aus Armenien. Denn die Arche stand ja bekanntlich auf dem Berg Ararat, der sich in Armenien befindet.

Es habe nämlich einen Schreibfehler gegeben. Die Arche sei, nachdem die Wasser zurückgegangen waren, nicht wie in der Bibel berichtet, auf dem Berg Ararat auf Grund gelaufen, sondern auf dem höchsten Gipfel des Bayerischen Waldes, dem Arber. Es lag, wie gesagt, ein Schreibfehler eines Geschichtsschreibers vor. Er hatte die beiden Berge einfach verwechselt. Kann vorkommen.

Diese Geschichte zeigt, daß die Bayern auf eine lange Ahnenkette zurückblicken. Die Bayern selbst sind sich sicher, daß es sie sozusagen schon immer gab, schon vor dem Anfang jeglicher Geschichte. Das muß so um die Zeit gewesen sein, als das Wort noch bei Gott war. Und zu dem unterhalten die Bayern exzellente Beziehungen. Sonst würde er bestimmt nicht seine segensreiche Hand über Bayerns weiten Gauen ruhen lassen. Zwischen Gott und den Bayern scheint es einen alten Bund zu geben.

Ganz so alt, wie die Bayern das gern hätten, sind sie dann doch nicht. Eine ziemlich alte Theorie besagt, die Bayern wären zur Zeit der Völkerwanderung, aus

Böhmen kommend, über die Further Senke heruntergekommen, bis an die Donau vorgedrungen, und von dort sei der Stamm bis in die Täler der Alpen weitergezogen. Man habe diese Neuankömmlinge südlich der Donau die Heruntergekommenen genannt. Das können wir erst einmal so stehen lassen. Einige seltene Exemplare aus dieser Zeit lockern heute noch das Bayernbild auf.

Für diese Theorie spricht, daß die Bayern, verglichen mit den Wanderungsbewegungen anderer Stämme, dann eine relativ kleine Bewegung gemacht hätten. Das würde zu ihnen passen. Ansonsten ist die Further-Senken-These durch nichts zu belegen. Das macht auch nichts, Hauptsache, man hat eine Erklärung geliefert.

Fest steht, es sind vagabundierende Nomaden in Bayern angekommen. Es waren aber auch schon welche da, und die sprachen nicht bayerisch, sondern lateinisch. Einzelne lateinische Sprachinseln haben sich bis heute in Bayern gehalten – am humanistischen Gymnasium. Das Lateinische erfreut sich in Bayern großer Beliebtheit. Falls Sie Lust haben, Lateinisch zu parlieren, es findet sich bestimmt jemand, der sich mit Ihnen auf ein paar lateinische Zitate trifft.

Die Römer hatten also ihr Reich bis an die Donau ausgedehnt und mit einer Mauer, dem Limes, gesichert. Nun wissen wir alle, daß dieses Römerreich irgendwann zusammengebrochen ist. Es gab also in Bayern Römer ohne Römisches Reich. Was ist ein Römer ohne sein Reich? Nicht viel. Eine äußerst unsichere Lage entstand für die Römer in Bayern. Viele werden überlegt haben, ob sie ihr Zeug zusammenpacken und nach Rom zurückkehren sollen. Andere werden widersprochen haben. Möglicherweise haben sie gezetert. »Seid ihr wahnsinnig, jetzt nach Rom, über den Brenner, da bleiben wir doch lieber hier!« Es werden einige abgezogen sein und sich am Brenner angestellt haben, und andere werden zurückgeblieben sein. Und diese Zurückgebliebenen haben dann in Bayern den ersten Anstoß zur Bildung des bayerischen Stammes gegeben. Diese zurückgebliebenen Römer werden auf ihre römische Identität schnell verzichtet haben, zumal wir annehmen dürfen, daß sie als Besatzer nicht sehr beliebt gewesen sein werden. Wenn man sie gefragt hat, wer sie sind, werden sie geantwortet haben: Wir sind die Zurückgebliebenen!

Nachdem die Grenze, der römische Limes, gefallen war, sind vermutlich die Kelten, die auf der anderen Seite der Donau zu Hause waren, rübergekommen, um zu sehen, was dort jetzt los war. Sie trafen auf jene Zurückgebliebenen und wurden sofort als Rübergekommene freudig begrüßt, und beide Bevölkerungsgruppen begannen sich zu vermischen. Die frühen Bayern waren sehr mischfreudig. Wir können uns diesen Vorgang so vorstellen, daß ein zurückgebliebener Römer sich in eine rübergekommene Keltin verliebte und am Ende kam ein rübergekommener Zurückgebliebener raus oder auch ein zurückgebliebener Rübergekommener. Wenn wir nun weiter davon ausgehen, daß bereits aus dem Norden heruntergekommene Böhmen da waren und sich ebenfalls einmischten, so ergaben sich einige Mischmöglichkeiten.

Es war Völkerwanderungszeit, und jeder Stamm und jedes Volk, das auf sich hielt, war auf Wanderschaft. Es war der Trend der Zeit. Seßhaftigkeit hatte keinen guten Ruf. Es war Wandertag angesagt. Im großen Stil! Wir wissen heute durch viele Gräberfunde, daß es sehr eifrige Wanderer und weniger eifrige gab. Die Ostgoten und die Westgoten legten große Strecken zurück. Die Langobarden zogen an den Markomannen vorbei, und die Rugier kreuzten die Heruler. Alles, was Beine zum Gehen hatte, war in Bewegung und unterwegs. Heute würde man dieses Phänomen des permanenten Völkerwanderns als mobile Gesellschaft kennzeichnen. (So gesehen stekken die Holländer noch in der Zeit der Völkerwanderung fest.)

Aufgrund der geographischen Lage Bayerns, das damals noch nicht Bayern war, müssen wir also davon ausgehen, daß alle Völker früher oder später dieses zentrale Gebiet des steinzeitlichen Europa auf ihren Wanderungsbewegungen durchschritten. Das Land war Durchzugsgebiet. Jeder, der vom Norden in den Süden wollte, mußte durch Bayern. Ebenso jeder, der vom Osten in den Westen wollte. Da hat sich nichts geändert, heute ist das noch genauso wie vor zweitausend Jahren.

Nun kennt jeder, der die Erfahrung des Wanderns einmal gemacht hat, das Gefühl der körperlichen Erschlaffung, das irgendwann, je nach körperlicher Verfassung, bei dem einen früher, bei dem anderen später eintritt. Die Beine schmerzen, die Sohlen brennen, die Blasen platzen. Die Lust zu wandern läßt rapide nach. Der Mensch mag nicht mehr weiter, er will rasten und sich hinhocken. Natürlich rastet der Erschöpfte am liebsten an einem schönen Platzerl. Es ist deshalb gut vorstellbar, daß jene Fußkranken Bayern als Raststation genutzt haben. Sie kühlten ihre kranken, geschundenen Füße in den Wassern der Endmoräne. Im Starnberger oder auch im Chiemsee, im glasklaren Schmelzwasser, in dem sich die bezaubernde Natur der bayerischen Voralpenlandschaft spiegelte. Es ist nur logisch, was danach geschah. Im Gefühl der Schmerzlinderung faßten viele den Entschluß, einfach dazubleiben. Im Bewußtsein, ein gesegnetes Land erreicht zu haben, entwickelten die Ankömmlinge eine Unbeweglichkeit, die heute noch kennzeichnend für die bayerische Mentalität ist. »Ich mog nimmer weg do. Do is guad. Do is schee. Vo do bringan mi koane zehn Rösser mehr furt!« So ähnlich könnten sie sich geäußert haben, als man sie zum Weitergehen aufforderte. Jene Fußkranken und Faulen gesellten sich zu den bereits anwesenden Zurückgebliebenen, Rübergekommenen und Heruntergekommenen und vermischten sich wiederum mit ihnen. Die Fußkranken trugen als weiteres wesentliches Element zur Bildung des bayerischen Volksstammes das Moment der Unbeweglichkeit bei, so daß mit den römischen Kulturresten der Zurückgebliebenen und der wilden, spielerisch auftrumpfenden Art der rübergekommenen Kelten dem sich neu formierenden Stamm die unbewegliche Sturheit der körperlich Erschöpften hinzugefügt werden konnte.

Da Hund auf da Schellnsau

Nach dem Abzug der Römer etwa um 480 n. Chr. blieb im bayerischen Raum, also jenem Gebiet zwischen Donau und Alpen, das wir heute als die bayerischen Kernlande bezeichnen, für kurze Zeit ein Machtvakuum zurück. Es entstand etwas sehr Seltenes: eine herrschaftliche Leere, eine regierungsfreie Zone. Es mangelte im steinzeitlichen Bayern an allem, was ein glückliches Leben ermöglicht: Beziehungen, Spezln, Seilschaften, Stammtische, kurz alles, was ein funktionierendes Gemeinwesen ausmacht. Gerichtsbarkeit, Polizei, ordnungspolitische Instanzen fehlten gänzlich, und das Wichtigste, was jeder Herrschaft vorausgeht, ja, was Herrschaft erst möglich macht und begründet, ein Volk, das sich zum Beherrschen anbot, war auch nicht da.

Ein bayerisches Volk, einen Stamm gab es zu dieser

Zeit im bayerischen Raum nicht. Es gab zwar Menschen, die dort lebten, jedoch ohne bayerische Identität, ohne Staat und Herrschaft. Gut möglich, daß wir es um diese Zeit mit einem Identitätsgemisch zu tun hatten. Angehörige verschiedener Völker und Stämme siedelten mehr oder weniger friedlich an den Ufern der Flüsse und freuten sich am Fischreichtum und an der Wilddichte der Wälder, in denen sie ein relativ glückliches Dasein fristeten. Das ist um so erstaunlicher, weil ihnen das Wesentliche fehlte: eine staatliche, königliche, herzogliche oder irgendwie anders geprägte demokratische Ordnung. Es fehlte ein ordnungspolitisches Dach. Ein Volk von Spezln braucht eine Form, um sich entfalten zu können.

Die Frage, die uns nun brennend interessiert, ist die nach der bayerischen Identität. Wie und wann haben die Bayern gemerkt, daß sie die Bayern sind? Dazu bedurfte es eines Anstoßes von außen.

Es gab zu jener Zeit einen, der nicht lange gefragt hat, wenn es darum ging, sich ein Land samt Volk unter den Nagel zu reißen. Karl der Große hatte einen Gedanken, der seitdem nicht mehr aus den führenden Köpfen verschwand. Er wollte ein Europa unter seiner Führung schaffen. Er saß nicht in Brüssel, sondern in Aachen, aber die beiden Orte liegen so weit nicht auseinander. So weit, so gut.

Karl der Große kam also auf seinen europäischen Vereinigungsfeldzügen an die Südostflanke seines Reiches, fand dort ein merkwürdiges Völkergemisch vor und fragte auf seine fränkische Art: Wer seid denn ihr? Diese Frage löste große Verunsicherung bei den

Gefragten aus, denn sie wußten ja nur, daß sie Zurückgebliebene, Heruntergekommene, Rübergekommene und Fußkranke waren. Sie schauten sich alle gegenseitig fragend an und zuckten mit den Schultern, bis ein Zurückgebliebener eine Antwort fand. Dieser faßte sich ein Herz und sagte zu dem großen Kaiser Karl: *Mia san mia!* Damit war der Ausdruck für die bayerische Identität gefunden. Die Bayern murmeln dieses Mantra bis heute, wenn sie sich ihrer Identität versichern müssen. Und sie müssen sich oft ihrer selbst vergewissern, denn in den Untiefen der bayerischen Seele wabert die Angst, es könnte sich herausstellen, daß sie Zurückgebliebene, Heruntergekommene, Rübergekommene und Fußkranke sind. Dieses *mia san mia* war die rettende Gemeinsamkeit der ersten Bayern. Sie hatten etwas gefunden, was nur ihnen eigen ist. Einen Dativ, der einen Nominativ verdrängt und mit absolut logischer Reinheit getragen wird. Seitdem brummt das *mia san mia* wie ein *basso continuo* durch die Geschichte des Abendlandes und markiert die bayerische Eigenständigkeit.

(Ohne jene fränkische Frage wüßten die Bayern bis heute nicht, wer sie sind. Man müßte daher annehmen, daß die Bayern den Franken dafür dankbar wären, aber während Ihres Aufenthaltes in Bayern werden Sie eine gewisse Feindseligkeit zwischen Franken und Altbayern registrieren können. Franken und Bayern mögen sich nicht besonders. Woran liegt das? Diese kleine Aversion rührt daher, daß in der bayerischen Verwaltung, bei der Polizei und bei der Regierung häufig Franken leitende Posten besetzt halten.

Bestimmt ist das ein Vorurteil, das einer Überprüfung nicht standhalten würde. Es existiert zwar diese kleine Feindseligkeit zwischen Franken und Altbayern, sie ist aber eindeutig spielerischer Natur.)

Kaum war daher das bayerische Volk gebildet, passierte, was immer passiert, wenn ein Volk entsteht: ein Bedürfnis nach Herrschaft erwachte. Sie haben sich nach Kräften nach einer Herrschaft umgesehen. Wer soll uns beherrschen? Von wem wollen wir uns beherrschen lassen? Wer soll uns sagen, wo es langgeht? So ähnlich werden die Fragen gelautet haben. Wer sollte sie also beherrschen? Es war keiner da, der es machen wollte. Sie lebten wohl eine Zeit ohne Verwaltung dahin, doch dann gaben sie sich eine Staatsform.

Sinnlos wäre ein Staat ohne Volk gewesen. Der Staat braucht ein Volk, das er beherrschen kann. Da nun ein Volk vorhanden war, ergab sich der Staat als logische Folge.

Philosophen von Plato bis Popper haben Staatstheorien entwickelt, in denen es im Kern immer um das Wesen des guten Staates geht. Der Staat hat dem Menschen nützlich zu sein. Die Menschen geben sich eine öffentliche Ordnung, um ihr Zusammenleben zu regeln. Der Mensch aber ist des Menschen ärgster Feind, heißt es, jeder will dem anderen an den Kragen, wenn dem einzelnen nicht Einhalt geboten wird durch Recht und Gesetz. Um sich vor sich selbst zu schützen, verpflichten sich deshalb die Menschen den Gesetzen, die für alle gelten sollen. Vor dem Gesetz sollen alle gleich sein. So ähnlich lauten im allgemeinen die

Begründungen für den Staat. Mehr oder weniger. Sie gelten auch für den bayerischen Freistaat, mehr oder weniger. Denn der Freistaat Bayern hat doch einige Besonderheiten ausgebildet, die es wert sind, sie näher zu betrachten.

In Bayern herrscht offiziell Demokratie, die Mehrheitsentscheidung gilt, aber die Mehrheit ist immer in der Mehrheit. In Bayern gab es bis 2008 keine machtpolitischen Wechsel; die CSU regierte viele Jahre allein. Da haben wir eine speziell bayerische Spielart der öffentlichen Ordnung. Es ist aber bei weitem nicht die einzige. Alle werden wir im Rahmen dieser kleinen Schrift gar nicht darstellen können. Außerdem gibt es trotz aller Gemütsruhe viel Bewegung, die freilich nicht immer als solche erkennbar zutage tritt.

Es herrscht die klassische Gewaltenteilung. Exekutive, Judikative und Legislative erledigen ihre Aufgaben mit der gebotenen Sorgfalt. Aber alle Bereiche werden von der Partei besetzt. Die Partei ist die bestimmende Macht. Nun werden Sie fragen, wo da das Besondere sein soll? Das ist doch überall so in Deutschland! Schon, bevor wir aber zu den entscheidenden Differenzierungen schreiten, wollen wir erst einmal grundsätzlich werden, damit wir für unsere Überlegungen eine gemeinsame Basis haben.

Der Philosophiegeschichtler Johannes Hirschberger weilte möglicherweise gerade in Bayern, als ihm die Erkenntnis von der »Notdurft des Lebens« kam. Beim Anblick »wilder Biesler«, wie sie jedes Jahr zur Wiesn den lieblichen Hang zu Füßen der Bavaria wässern, muß man unweigerlich auf solche Gedanken kommen. Wer von Notdurft spricht, meint damit etwas zwingend Unabänderliches, einen vielleicht sogar quälenden Lebensdrang. Das Wort Notdurft ist zusammengesetzt aus Not und Durft. Wer aber Leben als Not erfährt, kann kein bayerisches Leben vor Augen gehabt haben. Hirschbergers Beschreibung ist wenig hilfreich. Es mag für andere Länder zutreffen, für Bayern kann es nicht herhalten.

Leben in Bayern wird als reine Freude empfunden. Es geht nie um Not und Durft, es geht nie um das Überleben, bayerisches Leben ist immer gesicherter Lebensvollzug der reinen Freude. Sie werden in Bayern keinen Drang zur Lebensverrichtung feststellen können. Eine große meditative Gelassenheit liegt über dem Land. Leben und leben lassen, heißt die Devise. Man schaut sich gegenseitig zu und läßt jeden leben, solange er lebt.

Jeder muß sein Leben allein leben, doch alle leben in einem staatlich organisierten Leben leichter zusammen.

Nach Plato entsteht ein Staat »von Natur aus«, »weil der einzelne in seiner Notdurft des Lebens sich nicht selbst genug ist«. Der einzelne reicht sich nicht. Er stellt fest, daß er als einzelner Mensch mit sich keinen Staat aufmachen kann. Es gelingt ihm vielleicht, sich selbst zu beherrschen, aber damit hat es sich auch schon. Ein Staat braucht eine breitere Herrschaftsbasis. Zu einem ordentlichen Staat gehören eine Herrscherschicht und ein Volk, das sich beherrschen läßt. Auf diese Weise helfen sich die Menschen gegenseitig. Die einen sind da, um zu herrschen, und die anderen freuen sich, daß sie beherrscht werden. Eine optimale Arbeitsteilung.

Das Volk der Bayern eignet sich besonders gut für einen Staat. Es gibt Völker, die lassen sich nur sehr schwer beherrschen, und Völker, die sich besser als Staatsvolk eignen. Das bayerische ist ein ideal beherrschbares Volk, und andere Länder beneiden den Freistaat um sein Volk. Das bayerische Volk steht nicht nur zu seinem Staat, es liebt ihn. Wenn es einen Staat gibt, der geliebt wird von seinem Volk, dann ist es der Freistaat.

Zwischen Volk und Staat besteht in Bayern eine innige Beziehung. Woran liegt das? Tut der Staat fürs Volk so viel, oder läßt er das Volk in Ruhe, so daß das Volk machen kann, was es will? Oder verhält es sich umgekehrt, kann das Volk mit dem Staat machen, was es will? Gibt es so etwas wie Volkswillkür in Bayern? Wer ist der Staat in Bayern? Wer ist das Volk?

Staat und Volk passen in Bayern zusammen wie der Hund und die Schellnsau. Sie sollten sich ein bayerisches Kartenblatt besorgen und die Schellnsau, auch die Kugelbauerin genannt, genau anschauen. Diese Karte entspricht dem Karo As im französischen Blatt. Im bayerischen beziehungsweise altdeutschen Kartenblatt reitet ein Hund auf der Schellnsau. Es gibt im Bayerischen den Ausdruck »wie der Hund auf der Schellnsau«. Es kann einer »ausschauen wie der Hund auf der Schellnsau«, oder es kann einer »blöd sein wie der Hund auf der Schellnsau«. Man hört mitunter auch, daß einer ohne Hund *blöd wie die Schellnsau* ist. Warum ausgerechnet die Schellnsau blöd sein soll, kann Ihnen niemand erklären. Es ist einfach so. Also, bayerischer Staat und bayerisches Volk stehen in einem ähnlichen Verhältnis zueinander wie der Hund auf der Schellnsau. Beide bewegen sich in der gleichen Richtung. Die Sau trägt den Hund. Der Hund reitet die Sau. Für den Hund ist die Lage auf der Sau nicht nur angenehm. Es fällt ihm nicht leicht, sich oben zu halten.

Vielleicht haben wir hier eine Erklärung für eine andere wichtige Redewendung. Wenn in Bayern einem Großkopferten ein moralischer Fauxpas nachgewiesen werden kann, dann kommentiert der Bayer dies oft mit der Bemerkung: »Aber ein Hund ist er schon.« Heißt: Ganz sauber verhalten hat er sich nicht, aber er hat sich lange auf der Sau gehalten. Respekt!

Der Hund auf der Sau befindet sich zweifellos in einer brenzligen Lage. Ob das Bild der Sau als tragende Figur ausreicht, um den Freistaat zu charakterisieren, wollen wir offenlassen. Immerhin steht die Sau für gesunde Ernährung und Wohlstand. Eine Sau steht darüber hinaus in hohem Ansehen, weil sie als Muttertier die Aufzucht der Ferkel gewährleistet. Die Sau nährt. Die Ferkel hängen an ihr. Der Saustall spendet Wärme und Sicherheit. Na ja, vielleicht wird das Bild schief, je länger man es strapaziert. Nur, damit keine Mißverständnisse aufkommen, Bayern ist kein Saustall! Aber wir wollen nicht verschweigen, daß auch ein Saustall nützlich sein kann. Es kommt nur darauf an, wie oft er ausgemistet wird. Das Ausmisten ist Sache der sauberen Politiker.

Ein Politiker braucht einen Staat, um politisch zu wirken. Er will gestalten, will Macht ausüben, und dazu braucht er einen Staat, der ihm alle Möglichkeiten bietet. Möglichkeiten bietet der Freistaat jede Menge für einen Politiker, vorausgesetzt, er beherrscht die Gebrauchsanweisung.

Das heutige Bayern ist ein Vielvölkerstaat, ein wildes Völkergemisch, dessen verschiedene Bevölkerungsteile in einem toleranten Miteinander leben. Den meisten Bayern ist klar, daß ihr Volk aus dem Prinzip Zuwanderung entstanden ist. Sicher gibt es auch Bayern, die sich dieser Erkenntnis verschließen, aber man darf die Hoffnung nicht aufgeben, daß die führenden Köpfe Bayerns lernbereit reagieren.

Die Ober-, Mittel- und Unterfranken tönen im Norden Bayerns, in der Gegend um Aschaffenburg, bereits hessisch. Im Westen Bayerns leben alemannisch geprägte Allgäuer, die mit dunklen Lauten ganz eigener Stimmung aufhorchen lassen. Die Ober- und noch mehr die Niederbayern haben dem Land nicht nur den Namen gegeben, sondern spielen auch leitkulturell die erste Geige im Freistaat. Und nicht zuletzt fungieren die Oberpfälzer, die auf dem alten Nordgau ihre Heimat gefunden haben, als bayerisches Sprachlabor. Sie gelten als die sprachbegabteste Region Bayerns, weil dort die bayerische Sprache am entwicklungsfähigsten scheint. Aus der Oberpfalz klingen die Vokale immer wieder neu, fremdartig schön herüber, und mancher hält die Oberpfälzer Klangwolke für reinsten Ausdruck bayerischer Sprache. »Do dadiada da. Do dadiada da a. Do dadada a dadian!« (Der Oberpfälzer auf die Frage, wo der Blumenstock am günstigsten zu plazieren ist. Hochdeutsch: »Da verdörrt er dir. Da verdörrt er dir auch. Dort würde er dir auch verdörren.«)

Eine andere Pfalz, das soll hier nicht unerwähnt bleiben, die Kurpfalz, war bis 1948 bayerisch, wurde dann aber mit Gründung der Bundesrepublik dem Land Rheinland-Pfalz zugeschlagen. Die Stadt Ludwigshafen war also eine bayerische Stadt, und der Vereinigungskanzler Kohl wurde dort als Bayer geboren. Vielleicht sollte man beim Versuch, das Phänomen Kohl – und die damit zusammenhängende Art, mit Freunden umzugehen – zu erklären, seine bayerische Herkunft mit einbeziehen. Am Ende war er ein Bazi und ein Spezl, wie es keinen zweiten nicht leicht gibt in Bayern!

Es sollte Ihnen bei Ihrer Einreise also klar sein, daß Sie in einen Vielvölkerstaat kommen. Zu den Bayern gehören auch die Zugereisten, die Vertriebenen, die nach dem Krieg hier eine neue Heimat gefunden haben. Wohlgemerkt, nach dem Krieg – da herrschten Ausnahmezustände in Bayern. Heute sollten Sie nur dann herkommen, wenn Sie die feste Absicht haben, das Land auch wieder zu verlassen. Es ist allemal hilfreich, sich klarzumachen, daß man nur auf Besuch in Bayern weilen und das Land lediglich als Reisender gebrauchen sollte. Gell!

Ja, wo samma denn! – Bayerische Gastfreundschaft

Sollten Sie so etwas wie Gastfreundschaft erwarten, so tun Sie gut daran, diese Erwartung schleunigst abzulegen. Gastfreundschaft gibt es nicht in Bayern. Sollten Sie dennoch in den Genuß eines irgendwie aufnahmefreundlichen Verhaltens kommen, so müssen Störungen einer uralten bayerischen Grundhaltung vorliegen, die, das will ich gerne einräumen, in letzter Zeit durch fremde kulturelle Einflüsse aufzuweichen droht. Vor allem in Bayern ansässige Türken und Griechen versuchen ihre Gepflogenheiten gegenüber Fremden in Bayern heimisch zu machen. Es passiert immer wieder, daß sie wildfremde Menschen in ihre Wohnungen und Häuser zum Essen und Übernachten einladen. Irritationen in der bayerischen Urbevölkerung sind die Folge. Sogar ausgewachsene Bayern lassen sich durch dieses freilich nur oberflächlich als gastfreundlich erscheinende Verhalten verunsichern. Bayerische Menschen, die bei Griechen und Türken diese sogenannte Gastfreundschaft erfahren haben, kehren aus dem Urlaub bei diesen Völkern zurück und schwärmen in der Heimat von der Freundlichkeit der Menschen, die mit ihnen, obwohl sie selbst kaum etwas zu essen hatten, alles brüderlich geteilt hätten. Das Letzte hätten sie gegeben. Man sei beschämt worden. Wie ein Barbar sei man sich vorgekommen, mit diesen armen Menschen die letzte Ziege, das letzte Schaf, das letzte Stück Brot teilen und essen zu müssen. Kein Wunder, daß die zu nichts kommen und am Existenzminimum leben, wenn sie alles mit den Fremden teilen. Man habe bei jedem köstlichen Bissen ein schlechtes Gewissen gehabt und sei doch froh gewesen, als man wieder nach Hause fahren konnte. Dennoch sei es eine wichtige, wenn auch schmerzliche Erfahrung gewesen, gegen seine eigenen Grundsätze leben zu müssen.

Der Bayer hält nämlich Gastfreundschaft für unmenschlich. Gastfreundschaft widerspricht im Kern den Grundsätzen des bayerischen Humanismus. Warum? Ein Grundzug bayerischen Denkens wurzelt, wie könnte es anders sein, im bayerischen Heimatgedanken. *»Dahoam is oiwei no am schönsten. Da geht's mia guat. Dahoam bin i dahoam. Wenn i net dahoam bin, dann bin i furt, oft sogar weit furt von dahoam. Und weil's mia nur dahoam guatgeht, mag i wieder hoam. Glück gibt's nur dahoam. Die Hoamat ist mei Glück.«* Daheim sein heißt glücklich sein. Das glückliche Sein, Glück gibt es nicht in der Fremde. Denn in der Fremde lauert überall das

Unbekannte. Das andere, das Nicht-Bayerische. Etwas, das erst erforscht werden will, mit neugierigen Augen in den Blick genommen werden muß, um es verstehen zu können. Doch beim Bayern überlagert die Angst die Neugier. Angst kriecht aus der Unsicherheit. Der Bayer ist sich nie so sicher, wie er sich gibt. Eine starke Unsicherheit läßt ihn betont selbstbewußt auftreten. Dieses Selbstbewußtsein tönt nach ständiger Selbstvergewisserung. Mia san mia! Weil, wenn ma net mia warn, dann wissat ma ja gar net, wer mia san. Die Angst, nicht zu wissen, wer er ist, läßt den Bayern sich so oft wie möglich seiner selbst vergewissern. Irgendwo im Hinterkopf spukt die Angst, er könnte doch ein anderer sein. Diese unbestimmte Ahnung zupft immerwährend an seinem Identitätskostüm und läßt ihn beinah gebetsmühlenartig sein Mantra wiederholen: Mia san mia. Etwas anderes mag er nicht wissen. Er strebt nach Sicherheit in seiner Identität, weil er im Grunde unsicher ist. Es brodelt in den tiefen Schichten seiner bayerischen Seele. Ganz tief drinnen in seinem Herzen weiß der Bayer, daß es ihn in seiner erhofften Reinheit gar nicht gibt und nie gegeben hat. Die Angst, ein anderer sein zu können oder gar zu müssen, ruft einen starken Selbstbezug hervor, aus dem diese spezielle Spielart des bayerischen Narzißmus entsteht. »Ihr könnt's uns schon anschauen, aber wir schaun uns selber schon an. Wir brauchen euch nicht, damit wir uns sehen.« Bevor ein Fremder einen Bayern anschaut, hat der Bayer sich schon dreimal selber angeschaut und festgestellt: »Ich weiß schon, wer i bin, und wer bist du?«

Ja, wo samma denn? (Ja, wo sind wir denn?) Diese Frage, in Bayern gestellt, bringt immer eine Empörung zum Ausdruck, für den Fall, daß jemand sich nicht den Sitten und Gebräuchen des Landes entsprechend aufführt. Eine Frage, die auf die sittliche Sicherheit des Landes verweist und die Antwort (in Bayern) nicht wirklich verlangt, weil diese die Frage bereits voraussetzt. Die fragende Person stellt die Frage also nur, weil sie die Antwort nicht nur kennt, sondern voraussetzt. Auch diese Formel gehört wie das *mia san mia* zu den bayerischen selbstvergewissernden Idiomen. Es kann uns daher nicht verwundern, daß der Bayer in seinem unendlichen Streben nach Sicherheit sich am liebsten in seiner Heimat aufhält, um die drohenden Unsicherheiten auf einem erträglichen Niveau zu halten.

Die Heimat ist ihm von Kindesbeinen an vertraut und gibt ihm Halt. Das Elternhaus, die Schule, der Fußballplatz, die Kirche, das Wirtshaus, die Berge und Wiesen, die Wälder, die Äcker, die Straßen und viele andere Orte mehr ergeben schließlich eine bayerische Heimat.

Glücklich ist der Bayer nur daheim. Glück und Heimat bilden eine untrennbare Einheit. Wenn nun ein Fremder nach Bayern kommt, der in Bayern nicht daheim ist, so denkt der Bayer: Was will der hier? Dabei lächelt er ihn an. Dieses Lächeln ist vieldeutig. Zunächst bedeutet es Freundlichkeit. Der Fremdling kann sicher sein, daß der Bayer ihm nichts Böses will. Mit diesem Lächeln zeigt der Bayer aber auch eine Hoffnung und die Sicherheit, daß der Fremde nicht bleiben wird. Denn er hofft natürlich, daß der Besucher sich von den Schönheiten des Landes nicht soweit verzaubern läßt, für immer bleiben zu wollen, denn das wäre ganz und gar schädlich, weniger für Bayern, als vielmehr für ihn selbst, den Eindringling. Denn glücklich würde er hier in Bayern nicht werden können. Da der Bayer aber möchte, daß alle Menschen glücklich sind, sagt der Bayer zu dem Fremden: Schau, daß du hoamkommst! Das ist der Kernsatz des bayerischen Humanismus, der übrigens grundlegend im Schengener Abkommen berücksichtigt wurde. Bayern arbeitet also am Glück der Menschheit und hält mit seinen Erkenntnissen nicht hinter dem Berg.

Wadlstrümpf und Gamsbart

Möglichst schnell sollten Sie nach Ihrer Ankunft in Bayern in ein Lodenfachgeschäft vorstoßen, um sich landesgemäß einzukleiden. Wer auf sich hält, trägt Tracht im Freistaat. Es empfehlen sich die krachende Hirschlederhose (Krachlederne) und der passende Janker (a Joppn) mit Hirschhornknöpfen. Dazu gehört die passende Beinbekleidung, die Wadlstrümpf, auch Loferl genannt – keine Strümpfe, wie wir sie kennen, sondern unten, also da, wo der Fuß sein sollte, sind sie abgeschnitten, sie umschließen also nur die Waden. In den Schuhen, den Haferlschuhen, steht der Bayer mit nackten Füßen. Komplettiert wird das Ganze mit einem Trachtenhut, an dem ein Gamsbart prangt, dessen Größe die Macht des jeweiligen Trägers demonstriert. Zu einem richtigen Trachtler fehlt jetzt nur noch die schmückende Barttracht – bevorzugt Vollbart.

Sollten Sie nicht über die richtige Wadengröße (sogenannte Fußballerwadln) verfügen, sondern eher zum norddeutschen, asthenisch-schmalbrüstigen Typus gehören und daher richtige Spoacha als Haxn haben, so empfiehlt sich der langhosige Trachtenanzug, zum Beispiel der Tegernseer.

Die Dame demonstriert mit einem offenherzigen Dirndl ihre Verbundenheit mit dem Land. Sollte das nötige Holz vor der Hüttn fehlen, so kann jederzeit mit einem gut gepolsterten Push-up-BH nachgeholfen werden.

Oft wird der Ausschnitt noch mit Pflanzen ausgeschmückt, bevorzugt mit Geranien. Man spricht auch von Balkonbepflanzung, da die Geranie die typische Balkonpflanze an bayerischen Häusern darstellt. Die farbliche Gestaltung ist dabei ganz Ihrer Phantasie überlassen.

Die Frauen tragen zu ihrem Dirndl das Kropfband, ein eng am Hals anliegendes schmales Band aus Samt oder ähnlichen Materialien, an dem zur Zierde oft noch ein Schmuckstück angebracht ist. Unter dem Dirndl tragen die Frauen eine bis zu den Waden reichende, aus feinem Baumwollstoff geschneiderte, mit Bändern und Rüschen verzierte Unterhose, den nicht umsonst so genannten Liebestöter. Wer's mag! Kopfschmuckmäßig bietet sich der um den Kopf geschlungene, geflochtene Haarkranz oder, wenn die Haarpracht nicht dazu reicht, eine Haube oder ein Hütl an.

Das fachkundige Personal in den einschlägigen Geschäften wird Sie bestens beraten.

Es kann auch mal eine neue Kreation der immer

beliebter werdenden Landhausmode sein. Diese Kleidungsstücke haben nur noch eine entfernte Ähnlichkeit mit den traditionellen Stoffen und Schnitten. Die moderne Trachtenmode verschließt sich nicht den jährlich wechselnden Trends.

Aber egal wo der jeweilige Schwerpunkt im Outfit liegt, immer strahlt der Träger eine gewisse Wild- und Naturverbundenheit aus. Diese Erdverbundenheit unterstreicht der überzeugte Bayer durch das Umlegen eines Charivari, ein Gepränge, das den Mann in Unterbauchhöhe über der Lederhosen schmückt. Dabei handelt es sich um eine kunstvoll gestaltete Kette, an deren Gliedern numismatische Rundprägungen glänzen, deren Reihenfolge durch die Eckzähne einer männlichen Wildsau unterbrochen wird. Der stolze Bajuware stellt damit seinen Sinn für Schönheit unter Beweis und strahlt ungebändigte Manneskraft aus.

Vielleicht wollen Sie nicht gleich in dieses kraftstrotzende Brunft- und Kraftoutfit schlüpfen, sondern fürs erste mit zurückhaltenderen Bekleidungen Ihre Schwäche für Bayern zur Schau stellen – auch egal, Hauptsache landesgemäß.

Mit dem Anlegen einer Tracht wird sich sofort das gediegene bayerische Lebensgefühl in Ihrer Seele breitmachen. Sie werden auf einmal dazugehören zu diesem Volk. Gerade wenn Sie kein echter Bayer sind, also weder hier geboren sind noch auf Eltern bayerischer Herkunft verweisen können, ist die Tracht das einzige, was Sie als Bayer ausweisen kann.

Vielleicht kommen Sie sich erst einmal komisch vor,

wenn Sie sich im Spiegel betrachten. Es ist ein ungewohntes Bild, und Sie denken möglicherweise, das bin ich doch gar nicht. Schauen Sie zweimal hin, und schon werden Sie sehen, wer da vor Ihnen steht.

Es wird mit Ihnen eine ähnliche Metamorphose vor sich gehen wie mit dem Sergeant, den Kevin Costner in dem Hollywood-Film »Der mit dem Wolf tanzt« spielt. Er wandelt sich allmählich vom zivilisierten Amerikaner zum wilden Indianer.

Wenn Sie sich zum Trachtentragen entschlossen haben, so sollten Sie vielleicht bei allem Stolz, der sich einstellen wird, nicht vergessen, was es mit der traditionellen Tracht in Bayern für eine Bewandtnis hat. Sie wissen vermutlich, daß man in Bayern seit *jeher*, und das bedeutet ja seit immer, die Tracht kennt und es sich dabei um eine der ältesten Traditionen Bayerns handelt.

Warum die Bayern auf diese typisch bayerischen Gewänder gekommen sind? Wir wissen es nicht genau. Könnte sein, daß, wie vieles andere auch, die Trachten aus dem Arbeitsalltag heraus entwickelt wurden. Sie entstanden, weil man am Sonntag ein anderes Gewand anlegen wollte als am Werktag. Zum Kirchgang wollte man »sauber« und herausgeputzt daherkommen. Die Lederhose war und ist äußerst strapazierfähig und bot sich deshalb bei der Arbeit im Wald und auf dem Felde an. Es ist nur logisch, daß man dann aus diesen einfachen Alltagskleidern eine verfeinerte Form des Sonntagsgewandes entwickelte.

Die Tracht ist also ursprünglich ein Festtagskleid, das zu besonderen Anlässen getragen wurde: bei

Hochzeiten, Taufen und anderen Feierlichkeiten. Mit der Zeit kamen regionale Varianten im Stofflichen, Farblichen und im Schnittmuster dazu, so daß letztendlich die alljährlich beim Oktoberfestzug zu bewundernden farbenprächtigen und phantasievollen Trachten entstanden. Die Rottaler, die Unterinntaler, die Ilzer, die Tölzer, die Oberlandler, die Tegernseer, alle schneiderten sie sich ihre eigentümlichen Trachten, die alle für sich auf ihre Weise schön sind.

Um aber der Vielfalt eine geordnete Form zu geben, bedurfte es einer organisatorischen Zusammenfassung des bayerischen Trachtenwesens. Mitte des 19. Jahrhunderts unter der Regierung von König Max II. wurde das Tragen von Trachten erstmals mehr oder weniger von oben gefördert. Die Bayern von sich aus waren erst mal gar nicht so begeisterte Trachtler. Die Tracht hatte nicht den Stellenwert im Volk wie heute. Sie war selbstverständlich für den, der sie nutzte – wichtig war sie nicht.

Nach der Revolution von 1848 wollte Max II. dem deutschen Nationalbewußtsein ein bayerisches Nationalbewußtsein entgegensetzen.

Der bayerische König bewunderte und verehrte das norddeutsche Geistesleben. Berliner Forscher brüteten deshalb in seinem Auftrag über einem bayerischen Nationalbewußtsein. Diese Aktion »Preußen denken für Bayern« führte zunächst dazu, daß die bayerischen Sitten und Gebräuche in einer Bestandsaufnahme erfaßt, beschrieben und katalogisiert wurden. Nachdem die Preußen ihrem Auftraggeber ihr Werk vorgelegt hatten, kam wohl dieses heute noch immer sehr erfolgreiche Konzept, das man als Bayern-Marketing bezeichnen könnte, auf den Tisch. Des Königs Untertanen wurden aufgefordert, vermehrt die Tracht zu tragen. Max II. soll seinen Landsleuten sogar Prämien für das Tragen der Tracht bezahlt haben.

Also, man könnte boshaft behaupten, das noch heute gültige Bayernbild sei eine preußische Erfindung, um das bayerische Nationalgefühl zu stärken. Die daraus resultierende Meinung, die Preußen hätten den Bayern dieses Outfit verpaßt, um sie lächerlich zu machen, weisen wir zurück. Selbst wenn dies anfangs dabei ein Gedanke gewesen sein sollte, so hat sich die abwertende Absicht längst in ihr Gegenteil verkehrt. Es sind nämlich heutzutage gerade die Preußen, die sehnsüchtig nach Bayern schielen und sie um ihren zünftigen Look beneiden.

Saupreißn – Hintergründe einer innigen Feindschaft

»Hinterher is ma immer gscheiter, wia ma's vorher besser macha hätt soin. Es waar scho besser, wenn ma vorher wissat, wia's hinterher waar. Wenn ma oba vorher wissat, wia's hinterher waar, dat ma's dann vorher aa ändern? – Wenn ma's nämlich vorher ändern dat, nacha waar's hinterher anders. Wenn's oba hinterher anders waar, nacha miassat ma's vorher net ändern, weil's nacha vorher aa scho anders g'wesen waar. Ma miassat vorher scho überlegt hom, wia's hinterher g'wesen sei dat, wenn ma's vorher überlegt hom dadat.«

Das ist zwingende bayerische Logik der reinsten Form. Mit einem Denken dieser Qualität tut sich ein Nichtbayer erfahrungsgemäß schwer. Der Bayer kann nicht verstehen, warum er nicht verstanden wird, wo alles so logisch ist.

Der Preuße hingegen, immer überzeugt davon, sein

Denken aus der reinsten Logik zu schöpfen, hält den Bayern für eher dumpf und dumm.

Es gibt sie, wenn auch nur noch in spielerischer Form, diese Feindschaft zwischen Preußen und Bayern. Woher kommt sie? Wir haben es hier wiederum mit einem Phänomen der besonderen Art zu tun.

Preußen ist nicht nur ein untergegangenes Staatswesen. Für einen überzeugten Bayern, für einen durch und durch bayerisch geformten Menschen ist Preußen noch heute die antithetische Ausformung Bayerns. Der krasseste Gegensatz zu Bayern, der denkbar ist. Preußen steht für das *ihr seids ihr,* für ein anderes, nichtbayerisches Sein, für das Anderssein schlechthin in Abgrenzung zum *mia san mia*!

Das Preußische, das aufgeblähte Wesen des Preußen, der preußische Geist der Pflicht, der absolute Respekt vor der staatlichen Institution, ist dem Bayern ein Greuel. Er hat ihn im »Siebzger-Kriag« als Alptraum erlebt, den preußischen Geist. Er verabscheut diese kühle, rationale Staatsverbundenheit. Der preußische Staat mit seinen eisigen, gefühllosen Institutionen, ausgefüllt mit einem Heer unbestechlicher Beamter, die durch nichts zu bewegen sind und sich stur an Vorschriften und Gesetze halten, empfindet der Bayer als unmenschlich anonym. Wenn der Mensch in der Institution verschwindet und zum ausführenden Werkzeug der Staatsraison verkommt, dann hält das der Bayer für grausam und schädlich für die Seele. Die staatliche Institution erscheint ihm als Dämon. Und Menschen, die sich diesem Dämon unterwerfen, ihm huldigen und in ihm ihr Glück sehen, können nicht gut sein.

Eine Horrorgeschichte wird manchmal in Bayern erzählt. Die Geschichte spielt mit der Möglichkeit, die Preußen könnten ursprünglich Bayern gewesen sein. Die Kelten kämen nämlich ursprünglich aus der Lausitzer Gegend, einem Landstrich, der später preußisch wurde. Die Geschichte werden Sie in Bayern nicht allzuoft hören, denn auf die Preußen, die es ja als Staatsbürger schon lange nicht mehr gibt, sind die Bayern nicht gut zu sprechen.

Woher rührt also diese alte Abneigung gegen die Preußen, die so liebevoll aufrechterhalten und gepflegt wird?

Einen Großteil der Schuld trägt der Bayernkönig Max II., von dem wir schon gehört haben und nach dem man in München eine Trambahnhaltestelle mit Standbild benannt hat. Dieser Max II. war ein wissenschaftsgläubiger König. Politisch wollte er die bayerische Eigenständigkeit als deutscher Mittelstaat bewahren. Kulturell war er ein Preußenfan, ein Bewunderer des preußischen Geisteslebens. Für Max II. stand fest, daß der Norden klüger war als der Süden. Er hielt Bayern für rückständig und setzte seinem Volk Wissenschaftler aus Preußen vor die Nase. Er förderte intellektuelle Kreise, holte den Dichter Paul Heyse und Justus von Liebig, den großen Chemiker, nach München. Der König war ein Liebhaber von Gutachten. Man kann verstehen, daß das Volk ein Gespür für die Gschaftlhuber und Wichtigtuer entwickelte. Das Gescheitdaherreden stand auf der Tagesordnung.

»Die eigene bayerische Vergangenheit aber verlor nach und nach an Gewicht und Wert. An ganzen Jahrhunderten süddeutscher Kulturgeschichte lief man achtlos vorüber, und aus dem warmen Bayernstolz auf Heimat und Fürsten war auf einmal ein dauerndes Sich-entschuldigen-Müssen geworden.« (Benno Hubensteiner, »Bayerische Geschichte«)

Die meisten Berufenen blickten voll Verachtung und Geringschätzung auf das bayerische Wesen herab. Aufgeblasene Überheblichkeit, gepaart mit preußischer Schulmeisterei, ließ in Bayern starke Ressentiments gegenüber Preußen aufkommen. »Die droben z'Berlin moanan, sie müassn uns sogn, wia mia sei soin! De Saupreißn, de varreckten.«

Bismarck brachte das Faß der antipreußischen Gefühle zum Überlaufen, als er Ludwig II. mit dem berühmten Kaiserbrief dazu brachte, daß Bayern dem Deutschen Reich beitrat. Er hat ihn ganz einfach mit 750 000 Goldmark bestochen. Da zeigt sich der Märchenkönig als echter Bayer. Er läßt sich den Beitritt zum Deutschen Reich bezahlen, um mit dem Geld den Bau seiner heute von der ganzen Welt bewunderten Schlösser finanzieren zu können. Als der Handel, der zunächst geheim war, schließlich doch bekannt wurde, brummte der Bayer: »Siebenhundertfuchzgtausend! Mehra net? A bissl wos is aa. Besser wia nix!«

Mit Ludwig und Bismarck standen sich zwei Extreme gegenüber. Auf der einen Seite der Romantiker und gefühlsgeladene König und auf der anderen Seite der interessengeleitete Realpolitiker, der mit kühler Berechnung seine Ziele verfolgt. Vernunft und Gefühl – Preußen und Bayern.

Der Vergleich mit Preußen, dem untergegangenen Staat, kann helfen, Bayern zu verstehen. Preußen war ein Staat der Aufklärung. Jeder konnte in Preußen nach seiner Fasson glücklich werden, vorausgesetzt, er unterwarf sich dem Preußentum. Preußen war geprägt durch äußerste Pflichterfüllung, korrektes Beamtentum, unbestechliche Justiz, gedrilltes Militär und eine perfekte Verwaltung und – Toleranz gegenüber Andersgläubigen. Einen dominanten Glauben wie in Bayern gab es nicht. Es gab Protestanten, Juden, Katholiken, Hugenotten und vermutlich noch einige andere Glaubensrichtungen. In Preußen konnte jeder glauben, was er wollte. Dem preußischen König war es gleichgültig, was seine Staatsangehörigen in religiöser Hinsicht lebten. Wichtig war ihm einzig und allein die Treue zum preußischen Staat.

Es gab in diesem Preußen keine Leitkultur. Konnte es nicht geben, weil es kein Leitvolk gab, das anderen Volksteilen seine Folklore aufgedrängt hätte.

Preußen hatte keine einheitliche Landessprache: Es wurde Deutsch gesprochen, schon auch, doch vor allem Polnisch, Russisch, Tschechisch und Französisch. Es war gleichgültig, wie einer sich verständlich machte.

Bayern dagegen entwickelte eigene kryptolinguale Verständigungslaute, die nur in Bayern verstanden und nur dort – und wirklich nur dort – zu ihrer lustvollen Vollendung gebracht werden konnten: beispielsweise das Jodeln. Mal im Ernst, können Sie sich einen preußischen Jodler vorstellen?

Preußen war, was seine Einwanderungspolitik

betrifft, höchst modern. Der preußische König bot beispielsweise 1722 zwanzigtausend Protestanten aus dem Salzburger Land in Preußen dauerhaftes Asyl. Für den alten Fritz war das sinnvoll, weil er Menschen brauchte, Arbeitskräfte für Preußens Manufakturen, und er brauchte vor allem Soldaten für seine Eroberungen. Kein Preuße fürchtete um die Reinheit der preußischen Rasse, weil es eine solche nicht gab. Preuße konnte man schnell werden, wenn man sich zu Preußen bekannte und aktiv am preußischen Staat teilnahm. Freilich nahm sich auch der Staat seinen Teil vom Bürger. Er forderte nicht mehr und nicht weniger als sein Leben im Diesseits. Das Leben im Jenseits interessierte den König von Preußen einen feuchten Kehricht.

Der Bayer dagegen kümmert sich im Diesseits schon eifrig um sein Dasein im Jenseits. Sein Handeln wird durch den katholischen Glauben bestimmt: Wer Vater und Mutter ehrt, nicht lügt oder stiehlt, nicht sündigt, also ein keusches, gottesfürchtiges Leben lebt und jeden Sonntag brav in die Kirche geht, der hat seinen Platz im Paradies sicher. Der Staat ist dabei Mittel zum Zweck, der ein möglichst uneingeschränktes, störungsfreies Hinarbeiten auf diesen nirwanischen Zustand garantieren soll.

In Bayern ist das private Glück jedes einzelnen Staatssache. Bayern ist ein Seelenstaat, in dem zuallererst die bayerischen Gefühle kommen und erst danach die Regeln und Pflichten, die das Zusammenleben ordnen. Der bayerische Staat ist ein Gefäß, dessen Wände mit Gefühlen ausgerieben sind wie die

Kuchenform mit Schmalz. Der Inhalt kommt nur heil aus der Form, wenn vorher gut geschmiert wurde. Die Form ist unverzichtbar, solange etwas entsteht. Doch ist sie danach nur noch dazu da, um verlassen zu werden.

In Bayern *fühlt* man sich dem Staat verpflichtet. Pflicht und Gefühl gehen eine seltsame Melange ein. Nicht der Staat braucht die Bürger wie in Preußen, sondern umgekehrt, die Bürger brauchen den Staat.

Für einen Bayern kann es in Preußen kein Leben geben, weil es kein Leben ist, wenn es auf preußische Art vollzogen werden muß. Bayern ist Gefühl. Der Grund, warum Preußen untergegangen ist und Bayern immer noch besteht, liegt auf der Hand: Wenn Gefühl und Verstand im Streit liegen, gewinnt letztlich immer das Gefühl. Vielleicht ist das alles aber nur eine Frage der Perspektive: Wenn der Preuße sagt: »Mir kann keener!«, antwortet der Bayer: »Mi kennan's alle!«

Der Abfall Bayerns

Mit einem anderen Nachbarland verbindet Bayern eine lange gemeinsame Tradition: mit Österreich.

1777 kam der Kurfürst Karl Theodor aus der Pfalz in Bayern an die Macht. Aber irgendwie lief es nicht so, wie er sich das vorgestellt hatte. Die Bevölkerung war etwas steuerscheu. Karl Theodor gelang es nur schwer, den Leuten die Kreuzer aus der Tasche zu ziehen. Mehr war halt auch nicht drin. Er hatte keine rechte Freude mit seinem Herzogtum Bayern. So kam ihm das Angebot von Kaiser Joseph II. grad recht. Der saß in Wien und hätte gern Österreich etwas erweitert. Bayern lag günstig. So schlug er dem Karl Theodor vor, Bayern gegen Belgien zu tauschen. Belgien war wirtschaftlich stärker als das bäuerliche Bayern, und so wäre dem Karl Theodor die Trennung von seinem Herzogtum leichtgefallen. Es kam aber nicht dazu.

Wer den Deal verhindert hat? – Vielleicht fragen Sie jemanden in Bayern, der Ihnen das erzählen kann. Das Geschäft könnte an den Wittelsbacher Erben in der Pfalz gescheitert sein. Es könnte aber auch Friedrich der Große von Preußen seine Finger im Spiel gehabt haben, weil, ein um Bayern vergrößertes Österreich hätte der bestimmt nicht lustig gefunden. Die Bayern hatten damals jedenfalls Glück. Gar nicht auszudenken, wenn Bayern österreichisch geworden wäre. Eine flächendeckende Kaiserschmarrnisierung wäre unvermeidlich gewesen. Und den Kaffee in Bayern könnte man heute dann vermutlich auch trinken.

Die Sache scheiterte also. Aber der Versuch, Bayern als Ganzes zu verschieben samt Volk und Staat, zeigt einmal mehr, daß Bayern als Gebrauchsmasse unverzichtbar war und die Herren nichts selbstverständlicher fanden, als Bayern zu gebrauchen. Diese Handlungsweise wurde nie in Frage gestellt.

Wie die Geschichte so spielt, war es ein Österreicher, der meinte, in München Fuß fassen zu müssen. Und er bekam tatsächlich einige Füße in München zu fassen. Hitler und die seinen waren gut zu Fuß, und sie verlagerten deshalb, wie es sich für eine ordentliche Bewegung gehört, das Denken in die Beine. Ausgerechnet das unbewegliche Bayern, dort, wo das Hokkenbleiben eine Tugend ist, fing an, sich zu bewegen. Zunächst bewegte sich das nationale Deutschdenken auf die Feldherrnhalle zu, um die Macht zu übernehmen. Die Aktion war nicht von Erfolg gekrönt. Wahrscheinlich waren noch zu viele Bayern darunter. Himmler und Göring sollen ja damals auch schon dabeigewesen sein. Hitler wurde zu Festungshaft in Landsberg verurteilt. Er fand milde Richter, die ihn frühzeitig aus der Haft entließen. Die Folgen sind bekannt. Festzuhalten ist, daß Bayern bei der Gründung der Bewegung, deren Auswirkungen uns heute noch beschäftigen, eine wichtige Rolle gespielt hat.

Wenn Sie wollen, können Sie in Bayern auf Spurensuche gehen. Es ist aber nicht sehr ratsam, die alten Geschichten mag man in Bayern nicht mehr so gern hören.

Man weiß um die braune Vergangenheit, aber die Ansicht, daß »irgendwann a Rua sei muaß«, findet immer mehr Anhänger. Geschichtsinteressierte Menschen, die Zugang zu Stadtarchiven suchen, um Akten der Jahre 1933 bis 1945 einzusehen, werden im heutigen Bayern immer noch gern abgewiesen. Anja Rosmus-Weninger ist es Anfang der 1980er Jahre in Passau so ergangen, und 2001 konnte ein engagierter Lehrer mit seinen Schülern am Gymnasium in Gersthofen ähnliche Erfahrungen machen.

Falls Sie Interessen in dieser Richtung verfolgen wollen, empfehlen wir, von vornherein verwaltungsgerichtliche Wege zu beschreiten. Ob Sie allerdings so viel Zeit nach Bayern mitbringen, um das Urteil erwarten zu können, ist wieder eine andere Frage.

Deutschland braucht Bayern – oder umgekehrt

Es gab Ende der siebziger Jahre, genauer gesagt zur Bundestagswahl 1976, einen sehr originellen Wahlslogan der CSU, der Christlich-Sozialen Union, jener staatstragenden bayerischen Partei, die nunmehr schon über viele Jahre hinweg immer wieder mit wirklich überzeugenden Aussagen die Herzen ihrer Wähler gewinnt, welche ihr über Jahrzehnte hinweg absolute Mehrheiten bescherten. Es war ein Wahlspruch, der lange nachwirkte und auch heute noch eine tiefe bayerische Wahrheit offenbart:

Deutschland braucht Bayern, teilte die CSU im Wahlkampf auf ihren Plakaten mit. *Bayern braucht Deutschland,* hieß es weiter.

Schon klar, was darunter zu verstehen war. Alle Deutschen sind von Bayern abhängig, aber auch Bayern hängt an Deutschland, lautete die Botschaft. Und doch konnte man es auch anders verstehen, wenn man wollte. Und da es in Bayern auch immer Leute gibt, die nicht so wollen, wie allgemein erwartet wird, wurden manche den Verdacht nicht los, daß ein anderes Verständnis dieser Wahlsprüche wenn schon nicht ausdrücklich gewünscht, so doch zumindest billigend und augenzwinkernd in Kauf genommen wurde. »Deutschland braucht Bayern« haben viele damals als Aufforderung, als Einladung zum gegenseitigen Gebrauch Deutschlands und Bayerns verstanden. Nicht nur Deutschland braucht Bayern, sondern auch Bayern erhob einen Anspruch auf den Gebrauch der Restrepublik. Hessen, Baden-Württemberg, Niedersachsen, Rheinland-Pfalz und Nordrhein-Westfalen sollten sich auch von Bayern gebrauchen lassen. Es war ein großzügiges Gebrauchsangebot, das da von Bayern ausging.

An der Gebrauchstauglichkeit Bayerns bestand von Anfang an, schon vor dem Entstehen Bayerns, nie der geringste Zweifel. Die Einmaligkeit der geographischen Lage, die Schönheit des Landstrichs, das ausgeglichene Klima, die Nähe zu Italien und tausend Gründe mehr hätten vielleicht genügt, um ein ähnliches bayerisch durchwirktes Gebilde, bestehend aus Volk, Ordnung, Staat, Land und Kultur, entstehen zu lassen. Aber ohne jene spezielle bayerische Gebrauchstauglichkeit wäre wohl nie dieses Bayern entstanden, das sich weltweiter Beliebtheit erfreut.

Bayern wurde von Anbeginn gebraucht. Die Römer nutzten es als letzte Kulturbastion südlich der Donau vor den germanischen Barbaren. Nach den Römern kam Bayern in fränkischen Gebrauch. Karl der Große gebrauchte Bayern als Grenzherzogtum an der Südostflanke seines Reiches. Der große Karl ist einer der berühmtesten Bayern-User überhaupt. Er setzte die Agilolfinger als Herzöge ein. Diese Familie führte sich sehr bayerisch auf und versuchte sofort, nachdem sie etwas zu sagen hatte, sich von den Franken unabhängig zu machen. Es gelang ihnen nicht. Aber schon aus dieser Zeit kennen wir die bis heute durchtönende Melodie der bayerischen Eigenständigkeit. (Vielleicht ruft das Land Bayern bei den Herrscherfamilien, die darauf hocken, automatisch den Drang zur Unabhängigkeit hervor.)

So gab es mal einen gewissen Grifo, ein Sohn Karl Martells, der wollte sich Bayern unter den Nagel reißen und – obwohl selbst Franke – von den Franken unabhängig machen. Man kann sich gut vorstellen, daß er dafür in Bayern Verbündete fand. Vermutlich waren die Bayern schon damals nicht gut auf die Franken zu sprechen. Er marschierte mit seinen Rebellen auf Regensburg, um den Agilolfingern die Herrschaft zu nehmen. Der Putsch gelang, und der regierende Pippin, dessen Stiefbruder er war, hätte ihn sogar gewähren lassen. Aber dieser Grifo konnte den Hals nicht vollkriegen und beanspruchte nach seinem erfolgreichen Bayern-Coup auch noch die Herrschaft über das gesamte Frankenreich. Aus bayerischer Sicht ist diese Haltung klar nachzuvollziehen. Wer in Bayern erfolgreich ist, hat immer auch das Zeug, größere politische Einheiten zu regieren. Das ist heute nicht anders als damals. Mit dem amtierenden Ministerpräsidenten Stoiber griff, nach Franz Josef Strauß und Helmut Kohl, zum drittenmal ein Bayer nach der Macht im Lande. Diese Linie hat sich gehalten.

Nicht gehalten allerdings hat sich besagter Grifo. Sein Bruder Pippin hat sich das nicht gefallen lassen wollen und ihn einfach aus Bayern vertrieben. Im Anschluß daran durften wieder die Agilolfinger Bayern gebrauchen.

Einer der berühmtesten Agilolfinger war Tassilo II. Man gedenkt seiner bis heute in Bayern, und es ranken sich Legenden um seine Person. Die Karolinger waren seit Grifo mit den Bayern vorsichtig geworden. Die haben sich gesagt, auf diese Bayern muß man aufpassen. Sie haben deshalb Tassilo den Vasalleneid schwören lassen. Er mußte sich zur Heerfolge verpflichten. Im Klartext: Immer, wenn der Frankenkönig ins Feld zog, um eine Region zu erobern, mußten die Bayern für ihn kämpfen. Nach dem vierten Feldzug wurde es dem Tassilo zuviel. Auf gut bayerische Art hat er dem Karolingerkönig mitgeteilt, daß er ihn *gern haben kann* (was auf bayerisch soviel heißt wie: Du kannst mich am Arsch lecken), und hat sich daraufhin mit einem zünftigen *habe die Ehre* vom Heeresgeschehen *abg'seilt.* Er ist halt heimgegangen. Dafür muß man Verständnis haben. Er hatte Heimweh. Er stand mit seinen bayerischen Truppen in Aquitanien und mußte gegen die Franzosen kämpfen, während daheim in Regensburg sein *Gspusi* (seine Liebste) nach ihm schmachtete. Daß sich bei Tassilo die Lust am Kriegführen in Grenzen hielt, ist doch logisch. Aber der Karolinger *was not amused* ob dieses unerlaubten Rückzugs. Zunächst hat er nichts gesagt, er nahm sich eine kurze Bedenkzeit. Ziemlich genau zwanzig Jahre später, der Pippin war gar nicht mehr König, hat sich dessen Sohn Karl, der später Karl der Große genannt werden sollte, den Tassilo zur Brust genommen. Karl schickte ihn in die Verbannung. Das hieß: lebenslänglich Kloster. Dabei hat Tassilo noch Glück gehabt, denn für Fahnenflucht gab es eigentlich die Todesstrafe. Karl erschien die Strafe schließlich selbst zu milde, und er ließ Tassilo zusätzlich blenden. Da muß noch etwas anderes gewesen sein! Vielleicht etwas Persönliches. Die beiden waren ja Schwager. Sie hatten beide Töchter des Langobardenkönigs Desiderius geheiratet. Möglicherweise haben die Frauen im Hintergrund gehetzt? Oder der Karl wollte ursprünglich die andere, also die, die der Tassilo gekriegt hat. So was kommt in den besten Familien vor. Am Ende war Eifersucht das Motiv für Karls Grausamkeit? Wir wissen es nicht. Was wir aber wissen, ist, daß der Karl nach Tassilos Blendung eine Vision hatte. Er besuchte regelmäßig das Kloster, um nach dem Geblendeten zu sehen. Er wollte überprüfen, wie Tassilo seine Blindheit meistert. Und dabei, so berichtet die Legende, habe Karl in der Klosterkirche zu Lorsch mit ansehen müssen, wie ein Engel Tassilo von einem Altar zum anderen geführt habe.

Kein Wunder, die Bayern hatten schon immer einen guten Kontakt zum Herrgott. Wenn Sie zufällig am 11. Dezember in Bayern weilen sollten, so besuchen Sie am besten ein Tassilokloster, Kremsmünster zum Beispiel, wo bis in die Gegenwart das Andenken an den letzten Agilolfinger bewahrt wird. Vielleicht überkommt Sie eine Vision, wer weiß.

Bevor Bayern allerdings in die segensreichen Hände der CSU fiel, sollte es noch ein Weilchen dauern. Die Welfen lösten die Agilolfinger ab, und danach fiel Bayern an die Wittelsbacher, die das Land bis zur Novemberrevolution 1918 im Gebrauch hatten.

Die Wittelsbacher haben Bayern immer nach ihrem Gutdünken gebraucht. Umgekehrt war das natürlich nicht so. Ob die Bayern die Wittelsbacher immer gebraucht haben, können wir nicht beurteilen. Das steht uns nicht zu. Offensichtlich haben die Herrscher der Wittelsbacher Herzöge nicht immer die Mitarbeiter in Bayern gefunden, die sie gebraucht hätten. 1537 holte deshalb der damalige Herzog von Bayern Wilhelm IV. italienische Gastarbeiter nach Bayern. Passau wurde beispielsweise von italienischen Baumeistern erbaut. Eine Luragogasse erinnert heute daran.

Ohne die Wittelsbacher und ihr Wirken ist Bayern nicht vorstellbar. In welch anderem Land hätte König Ludwig II. seine Märchenträume verwirklichen können? Der Kini wäre in jedem anderen Land außer Bayern kläglich gescheitert. Nur in Bayern waren seine Träume möglich, weil man in Bayern mehr auf die Stimme des Herzens hört als auf die Stimme der Vernunft. Und dem jungen König Ludwig flogen die Herzen zu. Er war hochgewachsen, er war schön, er hatte einen Sinn für Kultur, und er träumte mit der Musik von Richard Wagner von märchenhaften Schlössern. Linderhof, Herrenchiemsee, Neuschwanstein, mein Gott, was hat er alles gebaut. Und ein Festspielhaus! Ohne die Gunst Ludwigs gäbe es keinen Hügel in Bayreuth. Richard Wagner und Ludwig, sie haben sich gebraucht.

Wenn Sie sich in Bayern politisch engagieren wollen

Manchmal ist man unter gewissen Umständen bereit, die Dinge so zu sehen, wie sie wirklich sind. Soweit das überhaupt möglich ist. Aus bayerischer Sicht ist das oft unmöglich. Dennoch versucht man es. Das ist nicht immer ganz leicht, weil die Wahrheit halt oft als schmerzlich empfunden wird. Aber es hilft nichts, die Augen davor zu verschließen. Für die moderne Sicht Bayerns, für bayerische Einsichtsfähigkeit, für das Einordnen bayerischer Interessen in globale Zusammenhänge steht die CSU. Die engagierten Politiker und Politikerinnen der christlich-sozialen Verantwortungsphalanx stellen alles in den Schatten der Sonne, die über ihnen brennt.

Sie merken schon – wir kommen nun zu einem sehr

wichtigen Punkt dieser Gebrauchsanweisung, nämlich zum Parteiengebrauch respektive zum Gebrauch Bayerns durch seine Parteien.

Da wäre zuallererst einmal die CSU zu nennen. Bayern braucht die Christlich-Soziale Partei. Noch mehr aber braucht die CSU Bayern. Denn sie tritt nur in Bayern zur Wahl an. Viele Wähler aus anderen Bundesländern beneiden die Bayern um diese Möglichkeit. Der Verdacht, daß hier ein entscheidender Beweggrund für den immens starken Wunsch vieler Bundesbürger, nach Bayern zu ziehen, zu finden sei, konnte bisher nicht bestätigt werden. Die CSU ist die bestimmende Größe des Landes. Die Verwobenheiten von Mitgliedern dieser politischen Organisation mit politischen, wirtschaftlichen, gesellschaftlichen, kulturellen Institutionen Bayerns sind, vorsichtig ausgedrückt, eng. Die CSU stellt die klügsten Köpfe des Landes und entsendet sie in verantwortungsvolle Positionen. Sie ist ein schier unerschöpflicher Quell von politischen Talenten. Immer wieder überrascht sie das Land mit Persönlichkeiten, die enorme Nehmerqualitäten aufweisen. Das ist auch bitter nötig. Denn im harten politischen Alltagsgeschäft stehen diese Frauen und Männer oft allein auf weiter Flur und müssen sich gegen Vorwürfe zur Wehr setzen, die jeder Grundlage entbehren. Man wirft ihnen nicht selten korruptes Verhalten vor, doch meistens ist nichts dran. Es ist schon bewundernswert, mit welcher Selbstsicherheit, Kraft und Würde die führenden Parteioberen weiße Westen anlegen.

Wer in Bayern Karriere machen möchte, kommt an dieser Partei nicht vorbei. Während die Partei überall vorbeikommt. Beim Bayerischen Rundfunk wie bei der Caritas, und beim Roten Kreuz sowieso. Falls Sie in Bayern etwas werden wollen, so sollten Sie nicht zögern und sofort in die CSU eintreten. Wenn Sie da drin sind, kommen Sie überall rein. Nur sollten Sie bedenken, raus kommt auch keiner mehr! Und wenn einer herauskommt, kennt er sich nicht wieder.

Es gibt abschreckende Beispiele. Ein Juso-Vorsitzender kam bei der CSU rein und wurde freudig aufgenommen. Klar, wenn einer nach Jahren merkt, wie hirnverbrannt er war, wird er als Konvertit gefeiert wie der verlorene Sohn. Und er machte sich. Er wandelte sich vom linken Sozialisten zum hundertfünfzigprozentigen CSUler. Er wollte allen zeigen, wie klug er geworden war. Er übertrumpfte einige sogar auf diesem Gebiet. Zum Teil war das unangenehm. Er war fleißig und unterhielt beste Kontakte bis nach ganz oben. Der Vorsitzende der CSU selbst drückte ihn an sein väterliches Parteiherz. Doch, wie das Leben so spielt, der Vorsitzende verstarb plötzlich und unerwartet bei der Jagd im fürstlichen Walde des Fürsten Thurn und Taxis zu Regensburg. Und mit einemmal stand der Konvertit im Regen. Seine Sonne war untergegangen, und er verlor zwar nicht Haus und Hof, doch die Partei wollte ihn nicht mehr haben. Er fiel in Ungnade und hatte auf einmal nichts mehr außer seiner Mitgliedschaft in der CSU. Immerhin. Viel war das nicht, aber es hätte schlimmer kommen können. Die Parteifreunde hätten ihn auch rauswerfen können. Das haben sie nicht gemacht. Drin bleiben durfte er, aber zu sagen hatte er nichts mehr. Gehen wir mal davon aus, daß es für ihn so besser war.

Er kam von der SPD, die es auch gibt in Bayern. Bei ihr verhält es sich so, daß sie die Hoffnung nicht aufgibt, eines Tages von Bayern gebraucht zu werden. Bisher lehnt der bayerische Wähler einen Gebrauch durch bayerische Sozialdemokraten ab. Um die zwanzig Prozent der Wähler machen ihr Kreuz bei der SPD.

Das können viele nicht verstehen. Die Sozialdemokraten verstehen nicht, warum sie nicht mehr Stimmen bekommen, und die CSUler verstehen nicht, warum die Sozis überhaupt gewählt werden. Was den Parteistrategen der CSU überhaupt nicht paßt, ist, daß die Sozialdemokraten seit Jahren versuchen, sich ein wenig weiß-blau zu geben. Rührend ist das schon, wenn die SPD ihre traditionell roten Wahlplakate plötzlich weiß-blau untermalt. Inhaltlich können sie gegen die CSU kaum anstinken, denn die CSU verspricht schon selber soziale Gerechtigkeit. Und mit ähnlich gewieften Persönlichkeiten, wie sie die CSU ins Rennen schickt, kann die SPD nun mal nicht dienen. Sozialdemokraten sind integer, handeln moralisch einwandfrei und wissen seit Jahren alles besser, ohne je bewiesen zu haben, es besser zu können, weil sie nie die Gelegenheit dazu hatten. Selbst als die CSU von schlimmen Skandalen geschüttelt wurde und bei der SPD die Hoffnung auf mehr Stimmen wuchs, waren es am Wahlabend dann doch wieder nicht soviel, wie man erwartet hatte. Es ist zum Verzweifeln. Der bayerische Wähler sieht halt keinen Bedarf für eine sozialdemokratische Regierung im Freistaat. Woran liegt es? Es liegt vor allem daran, daß man sich ein rotes Bayern nicht vorzustellen vermag. Die Sozialdemokraten selber können sich am Ende nicht wirklich vorstellen, je in Bayern an die Macht zu kommen. Sie lachen bei dem Gedanken an einen Regierungswechsel. Eben weil ein solcher Erfolg dermaßen unwahrscheinlich ist, brauchen sie sich auch gar nicht an die Vorstellung gewöhnen, es könnte tatsächlich einmal dazu kommen. Und so üben sie sich in der empörenden Geste. Sozialdemokraten stehen auf und sind empört, weil die CSU jede Moral vermissen läßt. Wenn sich herausstellt, daß ein Minister sich etwas zuschulden kommen hat lassen, ist das mit Sicherheit empörend. Schon, nur vergessen die Sozis dabei, daß der bayerische Wähler in der Mehrheit bereit ist, dem Minister sein Versagen nachzusehen. Vor allem, wenn er zurücktritt, schadet das der Partei überhaupt nicht, sondern im Gegenteil. Der CSU-Wähler nimmt den Rücktritt als Beweis dafür, daß die Demokratie in seiner Partei funktioniert. »Eine Opposition braucht es nicht, das machen wir selber.«

Wie hilflos die SPD manchmal agiert in Bayern, zeigte die Reaktion des Landesvorsitzenden Hoderlein auf das Kruzifixurteil des Bayerischen Verwaltungsgerichtshofes. »Erstaunlich« sei das Urteil, weil dem Gewissen des einzelnen der Vorrang vor der kulturellen und religiösen Prägung des Staates eingeräumt wird. Nicht weil der Kläger, ein Lehrer, recht bekommen hat, staunt der Hoderlein, sondern weil das Gewissen des einzelnen durch das Urteil mehr Gewicht erhält als die Masse des Volkes.

Der Hoderlein findet das »erstaunlich«, weil die Masse der bayerischen Wähler das Urteil nicht nur »erstaunlich« findet, sondern vor allem »unmöglich, unverschämt«, um zwei schwächere Wertungen anzuführen. Die ehemalige bayerische Schulministerin Hohlmeier findet das Urteil »befremdlich« – womit sie kundtun will, daß sie das Urteil ablehnt. Sie kriegt das Gefühl einer Fremden im eigenen Land, heißt das.

An den Reaktionen auf dieses Urteil tritt der Unterschied zwischen SPD und CSU offen zutage. Nicht erstaunlich ist, daß die CSU das Urteil befremdlich findet. Erstaunlich ist lediglich die Zurückhaltung im Ausdruck. Der CSU-Wähler ist da nicht so zimperlich. Das Urteil ist für ihn eine Sauerei! Ein solches Wort aus bayerischem Ministermund würde wiederum befremdlich wirken. Die bayerische SPD müßte sich eigentlich über das Urteil, das eine Niederlage der bayerischen Staatsregierung markiert, freuen. Der Hoderlein freut sich aber nicht, sondern staunt. Seine Absicht ist klar. Er möchte den potentiellen Wähler nicht vor den Kopf stoßen. Als SPD-Mann müßte er das Urteil begrüßen. Damit würde er sich eventuell Wählerstimmen verscherzen. Meint er. Drum staunt er. Nur – mit Staunen gewinnt man in Bayern keine Wahl.

Dagegen spricht ein CSUler, Thomas Goppel zum Beispiel, aus, was jeder seiner Wähler denkt. Gewohnt grob fordert er, den Mann aus dem Unterricht zu entfernen. Frei nach der Devise: Wer recht hat, fliegt raus.

»Wenn der Mann Beamter bleiben will, muß er raus aus dem Unterricht. Dafür ist er nicht geeignet.« Das ist die Sprache der CSU in Reinkultur. Sich auf das Recht zu berufen, um eine bayerische Prägung in Frage zu stellen, gilt als unbayerisch.

Die CSU denkt da ganz bayerisch und verhilft dem Gefühl zum Sieg über das Recht. Das ist die CSU. Rechte sind dazu da, um sie bayerisch auszulegen, das heißt: Rechte mit bayerischem Geist zu beleben. Als das Kruzifixurteil des Bundesverfassungsgerichts das Abnehmen der Kreuze in Schulen für rechtens erklärte, verabschiedete Bayern kurzerhand selber ein Landesrecht, das wiederum das Bundesverfassungsrecht aushöhlte. Man muß sich nur zu helfen wissen.

Jetzt wissen Sie, wo Sie sich hinwenden können, falls Sie in Bayern politisch aktiv werden wollen. Entweder Sie wollen Ihre Befremdlichkeiten ablegen, dann gehen Sie zur CSU, oder Sie gehen zur SPD, wenn Sie aus dem Staunen nicht mehr rauskommen wollen.

Die FDP soll es auch in Bayern geben. Wir haben aber lange nichts von ihr gehört. Wenn Sie eine politische Heimat suchen, die gar keine Rolle spielt, dann sind Sie bei der bayerischen FDP richtig.

Bayerische Grüne gibt es, sie haben aber keine speziell bayerischen Besonderheiten ausgebildet, die es wert wären, im Rahmen dieser Gebrauchsanweisung dargestellt zu werden.

Der Freistaat bietet also hervorragende Bedingungen für ein politisches Engagement. Selbst mittelmäßige

Talente wachsen in Bayern über ihre Möglichkeiten hinaus. Falls Ihnen die angeführten parteipolitischen Angebote nicht zusagen, so haben Sie sehr gute Aussichten, auf dem extrem rechten Feld ins politische Geschehen einzugreifen. Rechtsradikale Parteien konnten in Bayern zumindest zeitweise immer sehr respektable Ergebnisse erzielen. Studien versprechen ein Wählerpotential dafür bis zu fünfzehn Prozent. Aber guter Brauch ist auch, daß sich hinterher keiner daran erinnern kann, dabeigewesen zu sein.

Die timokratische Oligarchie

Wenn ein Machtwechsel bevorsteht, eine Regierung abgelöst werden soll, so hört man aus berufenem Munde immer wieder, daß dieser Vorgang ganz normal sei. Demokratie bedeute Macht auf Zeit und sehe den Wechsel vor. Aha, so, so, denken wir dann bei uns, wenn wir auf einem Sofa in Bayern vor einem Fernseher sitzen. In Bayern wechselt nichts. Heißt das, daß wir in Bayern keine Demokratie haben, oder versteht man unter Demokratie in Bayern etwas anderes? Wir kommen ins Grübeln und gehen ans Bücherregal, um uns kundig zu machen.

Was heißt Demokratie eigentlich? Möglicherweise herrscht in Bayern gar keine Demokratie? Wir wagen es nicht zu denken. Wir schauen lieber gleich mal beim alten Plato nach. Wenn wir das noch richtig im Kopf haben, herrschen in Platos Staat nur die Besten.

Da hätten wir schon eine Übereinstimmung mit Bayern. Plato unterscheidet mehrere Staatsformen: Timokratie, Oligarchie, Demokratie und Tyrannis.

In der Timokratie regieren nicht mehr die Besten, sondern die Ehrsüchtigen. Und weiter lesen wir in der Philosophiegeschichte des Herrn Hirschberger: »Die Ehrsüchtigen sind Männer, die sich für wertvoll und vornehm halten ... aber ohne feinere Bildung des Geistes und des Herzens. Sie sind auch geldgierig, ... und bereichern sich insgeheim. Sie dienen weniger dem Ganzen als ihrem Geltungstrieb.« Trifft einiges auf Bayern zu. Aber lesen wir weiter.

In der Oligarchie herrschen wenige Reiche unter Ausschluß der Unbemittelten. Es herrscht die Begehrlichkeit. »Der Staat wird nicht mehr nach Sachlichkeit und Richtigkeit verwaltet, sondern befindet sich in der Hand weniger Nutznießer. Darum sind auch nicht Fachleute an der Spitze, sondern Politiker, die sich jetzt auf alles verstehen müssen, wenn sie auch nichts verstehen.«

Das ist auch nicht ganz falsch. Wenn man das liest, gewinnt man beinahe den Eindruck, der Plato hat Bayern als Beispiel vor Augen gehabt, als er seine Abhandlung über die Staatsformen verfaßte. Von der Demokratie hält der gute Plato gar nichts. Denn in dieser Staatsform herrsche volle Freiheit des Handelns. Jeder könne sagen, was er wolle, es herrsche Redefreiheit, es gebe kein unverbrüchliches Recht, keine bindende Autorität, alle seien gleich, und jeder könne Wünsche äußern – wie in einer »Trödelbude«.

Schaut so aus, als habe der alte Plato keine so gute

Meinung von der Demokratie gehabt. Und nach seiner Definition haben wir in Bayern keine Demokratie. Eine Tyrannis haben wir auch nicht. Am ehesten noch haben wir in Bayern eine timokratische Oligarchie, in der jeder Wünsche äußern kann. Platos Überlegungen bringen uns irgendwie nicht weiter. Wir müssen wieder einmal selber nachdenken. Ich habe den Verdacht, daß wir in Bayern eine Spezlwirtschaft haben, die mit einer Bazikratie unterfüttert ist. Es herrscht der Bazi in enger Zusammenarbeit mit dem Spezl.

Das Volk der Bazis und Spezln

»Gute Freunde kann niemand trennen, gute Freunde sind nie allein.« Der Text dieses Liedes, gesungen von Franz Beckenbauer, vermittelt in Bayern eine wichtige Botschaft. Gute Freunde, wie sie in dem Lied besungen werden, haben in Bayern eine ganz besondere Bedeutung, etwas Spezielles, deshalb nennt man die Freunde auch Spezln. Es handelt sich um Spezialfreunde.

Das Wort wurde vom lateinischen *species* abgeleitet. In der Tat handelt es sich dabei um eine besondere Species. Spezln sind nicht nur Freunde, mit denen man vertraut ist und alltägliche Begebenheiten austauscht, mit denen man im Wirtshaus über Autos, Aktien und Fußball redet. Das auch. Spezln sind sich nicht nur in gegenseitigem freundschaftlichem Vertrauen zugetan, sondern verpflichten sich darüber hinaus zu gegenseitigen Spezldiensten. Sie helfen sich. Wobei diese Hilfe am nötigsten eingefordert wird, wenn dazu illegales Terrain betreten werden muß. Dazu hat man seine Spezln. Der Spezlfall tritt immer dann ein, wenn die höchste Vertrauensstufe angesagt ist.

In Waffengeschäften ist das immer der Fall, wie wir aus folgender Geschichte lernen können: Ein Waffenhändler aus Kaufering bei Landsberg, der einst zum großen Spezlkreis des Ministerpräsidenten Franz Josef S. gehört hat, lebt heute im Exil. In Kanada. Berufsrisiko. Waffenhändler brauchen immer Hilfe und suchen deshalb die Nähe von mächtigen Freunden, denn das Dealen mit Waffen unterliegt höchster Geheimhaltungspflicht. Logisch, Geschäfte mit Waffen finden immer auf höchster Ebene statt. Und dort oben, auf den Gipfeln der Diplomatie, pfeift ein anderer Wind als in den Tälern und Niederungen des alltäglichen Lebens. Alltäglich ist in diesen Höhen allerdings das Geschäft mit Panzern und Haubitzen, mit Füchsen und Leoparden. Und weil Waffen immer über eine Grenze geschafft werden müssen, bewegen sich die Händler dieser Waren logischerweise auch in Grenzbereichen gesetzlicher Regelungen. Freilich weiß man das alles. Allein, man blickt nicht leicht durch. Die Materie ist kompliziert. Interessen spielen eine Rolle. Interessen von Ländern und Staatsmännern, und vor allem die Interessen von den Vermittlern spielen eine Rolle. Die Frage, wohin die Provisionen überwiesen werden sollen, wird vorrangig behandelt. Geheimdienste hören mit, Nachrichtendienste helfen beim Telefonieren, am Ende der Leitung sitzt ein aufmerksamer Zuhörer, der nicht immer alles richtig versteht, der aber Konten in der Schweiz und anderswo unterhält, namenlos und anonym, was angenehm ist, weil man sich Namen ohnehin nur schwer merken kann. Und irgendwann ist alles so kompliziert, daß kaum noch einer durchblickt – was vielleicht auch beabsichtigt ist. Staatsanwälte, die davon erfahren, schlagen die Hände über dem Kopf zusammen und wollen gar nichts wissen, weil sie befürchten, eh nichts zu erfahren.

Mitunter wird sogar eine Staatsanwaltschaft in Augsburg tätig, weil es immer wieder Witzbolde gibt, die glauben, sie lebten in einem Rechtsstaat. Das ist nicht für alle gleich lustig. Denn einer der Staatsanwälte in der Fuggerstadt kommt auf Vorgänge, die er sich nicht erklären kann. Er fragt sich, liegt's an mir, oder liegt's an der Sache? Er findet keine befriedigende Antwort. Anstatt jetzt die Akten zu schließen, wie man ihm von vorgesetzter Stelle rät, wird der Mann ehrgeizig. Spezialisten werden beauftragt, um eine Festplatte zu untersuchen, die einem Laptop entnommen wurde, der einem der Kinder des leider allzufrüh verstorbenen Oberspezls gehörte. Die Daten dieses Laufwerks wurden dummerweise von dem ungeschickten Nachwuchsspezl gelöscht. Weshalb die Festplatte beim amtlich bestellten Gutachter verschwindet, kann keiner erklären, was aber kein Beinbruch ist, weil eh nichts mehr drauf war. Um die Geschichte zu einem glücklichen Ende zu bringen, reichen oberste Stellen ihre hilfreichen Hände. Ein Generalstaatsanwalt stellt eine große Kiste bereit, in deren feinkörnigem Geriesel die Geschichte im offiziellen Sande verläuft. Sie ist noch nicht ganz verlaufen, aber Sand ist reichlich vorhanden. So ein Ausgang ist klassisch für eine bayerische Spezlwirtschaft.

Hier stoßen wir auf ein wichtiges Merkmal, wenn es darum geht, einen Spezldienst zu beschreiben. Niemand weiß etwas. Selbst die beiden Spezln, die an der Sache beteiligt waren, wissen in der Regel nichts. Man nennt dieses Phänomen auch *omertà bavarese.* Dieses Schweigen entsteht vor allem dadurch, daß solche Vorgänge meistens in Hinterzimmern stattfinden, wo katastrophale Lichtverhältnisse herrschen. Keiner sieht etwas. Die Beteiligten können sich gerade mal erahnen. Solche familiären Zusammenkünfte kennt man sonst nur aus Italien. Obwohl großes Vertrauen zwischen den handelnden Personen herrscht, kommt sich mancher vor, als wäre er ganz auf sich allein gestellt. Es sind Fälle von Sprachlosigkeit bekannt, bei denen sich die Zunge erst nach vielen Jahren wieder löste. Haben die befallenen Menschen die verschiedenen Stadien dieses lingualen Komas durchlitten, beginnen sie zögernd, von ihrem Leiden zu erzählen. In allen Berichten wird als zentrales Merkmal dieser Krankheit auf ein Gefühl des absoluten Ausgeliefertseins hingewiesen. Ehemalige Angehörige der Spezlgesellschaft erzählen von einer anhaltenden Gedächtnisschwäche, die sich wohl nie wieder ganz geben werde. Aber auch in diesen Momenten müsse man sich auf seinen Spezl verlassen können (bestes Beispiel für diese Spezlwirtschaft ist Helmut Kohl; er ist, so gesehen, eindeutig als Bayer überführt), und es sei ein großer Trost, wenn man gemeinsam versucht, sich an einen Vorgang zu erinnern, der nie stattgefunden hat.

Da werden manchmal Märchen wahr. Man erzählt sich gar wunderliche Geschichten: Es war einmal ein Ministerpräsident in Bayern, der hieß schon wieder Franz Josef. Er regierte das Land unumschränkt wie ein König. Er war gütig und weise zugleich. Einen Besseren hatte das Land bis dahin nicht hervorgebracht. Der Ministerpräsident brauchte Bayern, und Bayern brauchte ihn. Franz Josef hatte viele Freunde. Überall auf der Welt. Auch in der sogenannten DDR, einem Nachbarreich. Die DDR befand sich in der Hand böser Kommunisten, und die Guten, die Demokraten im Westen, wurden nicht müde, die üblen Kommunisten zu beschimpfen.

Aber als diese üblen Kommunisten in Not gerieten, da befiel Mitleid das Herz unseres guten Franz Josef, und er besorgte seinen bösen Nachbarn einen Milliardenkredit. Ohne dieses Geld wäre diese Deutsche Demokratische Republik pleite gegangen. Der gute Mensch Franz Josef hat also selbst seinen Feinden geholfen, was ihn als wahren Christen auszeichnete.

Der Herrscher des Nachbarreiches hatte also in Franz Josef einen echten Spezl gefunden, der ihm half. Vielleicht hat der Erich Honecker dem Franz Josef auch ein wenig geholfen. Ein kleiner Betrag wird schon für ihn abgefallen sein. Warum nicht? Er hat sich ja auch angestrengt. Wie man sich erzählte, war es gar nicht so einfach, das Geld bei der Bayerischen Landesbank loszueisen. Aber man fand Wege und Mittel. Eine Provision soll er schon bekommen haben, der Franz Josef. Heiliggesprochen wurde er dafür bis heute nicht. Aber einen Flughafen in Erding bei München hat man nach ihm benannt, damit jeder, der rauf- und runterkommt, an ihn denken muß. Soweit die Geschichte.

Offiziell weiß man nichts Genaues. Nachdem die DDR pleite war und Deutschland sich wiedervereinigte, stellte sich heraus, daß der Wohltäter Franz Josef auch in der DDR ein paar Spezln hatte. Einer, der ihm auch optisch ein wenig ähnlich sah, ein Schalck, wie man ihn sich vorstellt, wurde gleich von den Söhnen der berühmten bayerischen Familie Strauß betreut und in einer Villa am Tegernsee einquartiert. Alte Spezln lassen sich nicht hängen.

Der Spezl verpflichtet sich gegenüber seinen Spezln zu absoluter Hilfsbereitschaft. Es gibt keine Ausnahme. Einwände gegen ein Hilfegesuch sittlicher, rechtlicher oder moralischer Natur sind von vornherein ausgeschlossen.

Spezln verhalten sich dabei wie Mitglieder einer geheimen Loge. Einer Loge, die zunächst ganz und gar nichts Anrüchiges an sich hat. Im Gegensatz zu den Logen, die mit geheimen Regeln und Ritualen ausgestattet sind, organisieren sich die Spezln mehr oder weniger zufällig. Spezln gibt es in ganz Bayern. Sie haben das Land mit einem dichten Netzwerk überzogen. Dieses ist nicht immer gleich erkennbar, weil es wie ein Myzel, ein Pilzgeflecht, unter der Oberfläche still vor sich hin gedeiht. Es sind nicht immer die großen, weltbewegenden Geschäfte, die mit Hilfe von Spezln geregelt werden. Es beginnt mit dem Bau eines kleinen Einfamilienhauses am Rande einer kleinen Gemeinde. Ein Spezl im Grundstücksausschuß gibt einen Tip, und schon wird eine Grube ausgehoben. Auf dem Bagger sitzt ein Spezl. Der Kieslaster, der den Aushub abholt, gehört einem anderen Spezl, und am Ende steht ein Haus, das mit Nachbarschaftshilfe erstellt wurde und in dem ein Spezl wohnt.

Es muß nicht immer ein Bauvorhaben sein. Auch Türen werden von Spezln geöffnet. Die Wege nach oben kennen in Bayern meistens nur Spezln. An den wichtigen Stellen in Gesellschaft, Wirtschaft und Politik sitzen Spezln und wissen genau, wo es langgeht. Der bayerische Staat entspricht dem bayerischen Wesen. Der Staat ist der absolute Freund. Es herrscht freundschaftlicher Absolutismus im Staat. Ludwig XI. sagte: *»L'état, c'est moi.«* Im modernen Bayern heißt es: *»L'état, c'est mon ami«* – der Staat ist der oberste Spezl. Bayern ist ein Spezlstaat.

Es ist nur logisch, daß Sie, nachdem Sie nun wissen, was es mit einem Spezl auf sich hat, auch einen solchen kennenlernen möchten. Natürlich müssen Sie nicht ständig das Lied »Ein Freund, ein guter Freund, das ist das Schönste, was es gibt auf der Welt« singen, um auf sich aufmerksam zu machen. Woran erkennt man sie, die guten Freunde? Wo finde ich sie?

Spezln können Sie in der ganzen Welt antreffen, aber nirgendwo treten sie so gehäuft auf wie in Bayern. Die Chance, mit solch einem Spezl bekannt zu werden, ist also in Bayern um vieles größer als anderswo, aber es ist nicht ganz einfach, einen davon als Spezl zu gewinnen. Denn meistens hat der Spezl schon genügend Spezln und von daher keinen Bedarf an einem weiteren Spezl. Eine Spezlchance ergibt sich allerdings, wenn ein Spezl einen Spezldienst sucht, der unter seinen Spezln nicht geleistet werden kann. Wenn Sie so einen Dienst anbieten können, steht Ihrer Spezlisierung nichts mehr im Wege. Aber Vorsicht, dadurch entsteht ein Vertrag, der stärker bindet als notariell geschlossene Verträge. Dieser Kontrakt ist zwar nirgends schriftlich fixiert, gilt aber auf Gedeih und Verderb in alle Ewigkeit.

Zwischen Spezln gilt eine höhere Moral. Die Spezlethik hebt die allgemeingültigen Ethiknormen auf. Gut und Böse zählen nicht, es zählt nur der Spezl.

Der Spezl, der einem nicht persönlich hilft, sondern von dem man nur durch Hörensagen mitbekommen hat, welche Dienste er anzubieten hat, wird in Bayern auch Bazi genannt. Abgeleitet wurde diese Bezeichnung wahrscheinlich von Lumpazivagabundus. Ein Bazi ist ein sympathischer Lump. Die Bezeichnung wird abwertend und anerkennend gebraucht. Meist schwingt aber in der Abwertung auch die Anerkennung für das verwerfliche Tun mit. Vor allem Bazis untereinander beschimpfen sich laut als Bazis, um sich gegenseitig in ihren Lumpereien zu bestätigen. Der bayerische Imperativ lautet: »Handle so, daß du bei allen, denen du Schaden zufügst, Anerkennung bekommst.«

Bazis finden sich in Bayern in allen Bevölkerungsschichten. Es geht los beim Viehhändler, der eine kranke Kuh gesund spritzt, um sie teuer zu verkaufen, es geht weiter beim Autohändler, der den Unfallwagen als unfallfrei feilbietet, und es endet beim Chefarzt, der ärztliche Leistungen abrechnet, die er nie erbracht hat. Und wenn einer erwischt wird in Bayern, dann lacht man und sagt: *A Hund is er scho!*

I hab di narrisch gern...! – Ein bayerisch-idiomatisches Brevier

Bayerische Sätze und Ausdrücke sind oft auf mehrfache Weise zu verstehen. Mißverständnisse sind daher für den Unkundigen programmiert. Bayern, die eine hohe Sprachkompetenz aufweisen, setzen die bayerische Sprache gern zur vergnüglichen Verwirrung ihrer Gesprächspartner ein. Da heißt es: aufpassen!

Wenn ein Bayer sagt, daß der »Kas g'essen ist«, will er damit nicht auf soeben verzehrte Milchprodukte hinweisen, sondern auf das Ende eines Vorgangs.

Der Bayer gebraucht gern feststehende Redewendungen, sogenannte bayerische Idioms. »A g'mahte Wiesn« bezeichnet eine Lage, in der eine hundertprozentige Erfolgschance liegt. Wenn der Erfolg eintritt, ist »der Kas g'essen«. Sollte der beabsichtigte Erfolg nicht eintreten, ist ebenfalls »der Kas g'essen«, und die betreffende Person hat »an Dreeg im Schachterl«.

In all diesen sprachlichen Wendungen schwingt ein gehöriges Maß an Ironie mit. Der kompetente Sprach-User unterlegt die bayerische Sprache häufig mit ironisierenden Tönen. Für den ungeübten Gesprächspartner ergeben sich dadurch große Verständigungsprobleme. Er meint, alles richtig verstanden zu haben, liegt aber dennoch komplett falsch. Es empfiehlt sich daher, das Gesagte immer erst als Ironisierung des Sachverhalts anzunehmen.

Grundsätzlich gilt, daß in der bayerischen Sprache im Subtext die semantische Botschaft transportiert wird.

In Bayern dient die Sprache selten dazu, um sich über Wirklichkeiten auszutauschen, sondern weit häufiger, um sich über Gegebenheiten zu verständigen, für deren Wirklichkeit ein Beweis erst noch erbracht werden muß.

Wirklichkeit ist in Bayern etwas höchst Zweifelhaftes. Das Unwirkliche überwiegt. Eine tiefe agnostische Grundhaltung ist überall im Lande spürbar. Durch seinen extremen Skeptizismus will der Bayer nichts wissen, sondern nur glauben. Nur durch den Glauben erfährt der Bayer seine Wirklichkeit. Da er aber ohnehin glaubt, daß er nichts zu glauben braucht, glaubt er auch an das Unglaubliche, indem er sagt: »Gleich glaub ich's.« Denn nur wer nichts weiß, kann glauben – das wiederum glaubt der Bayer zu wissen. Diese Sicht auf die Welt, die treffender als Abwenden oder Wegschauen zu beschreiben wäre, diese Wahrnehmung im Ausblenden verlangt nach einer grammatikalischen Entsprechung im sprachlichen Ausdruck.

In der bayerischen Sprache haben wir dafür den Irrealis. In dieser Form formuliert der Bayer die Wirklichkeit als eine von unzähligen möglichen Wirklichkeiten. Die unendliche Fülle von Möglichkeiten ermöglicht dem Bayern, eine zu formulieren, die aber immer auch anders sein könnte. Im Irrealis herrscht Wirklichkeitsvermutung! Es könnte auch immer leicht nicht so sein, »wie es waar, wenn's so waar, wia's sei kannt, weil's aa immer anders sei kannt«.

»Laß amoi wos sei«, unkt der Bayer. »Wia schnei is heit wos?« Der typische Bayer fährt an einem Atomkraftwerk vorbei und denkt: *Kannt sei, daß amoi wos sei kannt. Kannt sei, daß nix is, aa wenn wos waar. Kannt aa sei, daß nix sei kannt, des waar nix, und wenn's nix waar, dann waar wos gwen, wos wos sei kenna hätt.* Man hält immer alles für möglich.

Der Bayer setzt seine Sprache spielerisch ein und hat eine große Freude, wenn er nicht verstanden wird. Bayerische Sätze beginnen oft mit *Ja mei,* was als kürzeste sprachliche Rechtfertigung verstanden werden kann. Ein die Welt versöhnender Seufzer. *Ja mei* heißt, man kann nichts machen, man konnte nichts machen, man wird nichts anderes machen können, als das Gegebene hinzunehmen.

Ein Kommentar beginnt beim Bayern oft mit: »So! Ge weida!« Ein Auftakt. Ein gesprochener Punkt, ein Gedankenstrich. *Ge weida,* heißt soviel wie: »Was du nicht sagst« und entspricht im Hochdeutschen der ironischen Wendung: »Ist nicht wahr.« – »Ge weida« zeigt immer einen Zweifel an, signalisiert Ungläubigkeit oder das Infragestellen einer Selbstverständlichkeit.

Ein typisches Beispiel für einen Irrealis wäre die Frage: »Wenn i di frogn dat, ob du morgn Zeit hättst, wos dadst du do nacha sogn?« Der Bayer fragt also nicht direkt: »Hast du morgen Zeit?«, sondern fragt unter dem Vorbehalt, daß er noch nicht gefragt hat, was der Gefragte antworten würde, falls der Bayer die Frage tatsächlich stellen sollte. Immer alles offenhalten. Nicht festlegen.

Von der auf die rein hypothetisch gestellte Frage gegebenen Antwort, die beispielsweise lauten könnte: »Wennst mi frogn dadst, dann dad i sogn...«, hängt ab, ob der Fragende die Frage dann tatsächlich auch stellen wird.

Wird die hypothetische Frage schon im Vorfeld verneint, dann sagt der Fragende: »Dann brauch i di ja gor ned erst frogn.«

Würde die Antwort ja lauten, dann erwidert der Fragende: »Dann dad i di frogn.«

Der Bayer sichert sich schon im Vorfeld ab, auch indem er sich immer wieder rückversichert: »Host mi?« Hast du das auch wirklich verstanden? Nicht, daß mir nachher Klagen kommen.

Der Bayer geht davon aus, daß man ihn nicht richtig verstehen könnte, und greift deshalb oft zu deftigen, bildhaften Ausdrücken, mit denen er die Bedeutung seiner Worte unterstreicht: »A Figur wia a dreimoi gschwoaßte Fahrradlbumpm. An Arsch wia a Bahnhofsuhr. Und a Gebiß, mit dem kanntst als Profilbeißer beim Pirrelli ofanga. De is dümmer wia a Pfund Soiz.«

Eine große Rolle spielt in der bayerischen Sprache das Bild der Sau. *Saupreiß! Blöd wia da Hund auf der Schellnsau.* Wobei *Sau* nicht immer im negativen Sinn verwendet wird. Es kann auch einmal etwas *sauguat* sein oder *wia d'Sau* funktionieren! »Das geht wia d'Sau!«

Auf die Mehrfachbedeutung des »Leck mi am Arsch« habe ich schon hingewiesen. Um hier Mißverständnissen eindeutig vorzubeugen: Der Bayer sagt zu jemandem, der ihn so weit gereizt hat, daß er ihn tatsächlich an besagtem Körperteil lecken kann: »Du kannst mi gern ham!«

Analog dazu gibt es eine Vielzahl feststehender bayerischer Redewendungen.

Wenn etwas »zum Saufuadan« ist, so wird damit nicht auf ein Kraftfutter für Schweine Bezug genommen, sondern auf eine verschwenderisch große Menge von Sachen und Personen verwiesen. So kann beispielsweise die sehr hohe Zahl der Arbeitslosen »zum Saufuadan« sein. Aber auch Rechtsanwälte und andere in Überzahl vorhandene Berufsgruppen können »zum Saufuadan« sein.

Schließlich kann es Ihnen passieren, daß ein Bayer Ihren verständnislosen Blick wahrnimmt und Sie fragt, ob Sie »auf der Brennsuppn dahergschwomma« sind. Wenn in Bayern jemand auf der Brennsuppe dahergeschwommen ist, so wird damit ausgedrückt, daß derjenige sich durch eine gewisse Schlichtheit auszeichnet.

Mit Schimpfwörtern und treffenden Beleidigungen tut sich der Bayer nicht schwer, die Sprache lebt von ihren blumigen Umschreibungen. Nicht ganz so leicht fällt dem Bayern das verbale Äußern von Gefühlszuständen.

Ein Bayer hat sich verliebt. Nach langem Zweifeln, ob er seiner heimlichen Angebeteten seine tiefen Gefühle für sie gestehen soll, nimmt er sich ein Herz und sagt: »I hab di narrisch gern.«

Der Bayer würde nie von Liebe reden. »Ich liebe dich« ist ein unaussprechlicher Satz für ihn, weil er zu vernünftig klingt, weil zu viel an Normalität mitschwingt. – Die Liebe liegt für den Bayern außerhalb der Normalität. D'Liab macht ihn narrisch! Hier taucht der Bayer bereitwillig ein in einen dionysischen Taumel. Eine totale Hingabe bis zur Verrücktheit ist im bayerischen Liebesfall normal.

Dieser Gefühlssuperlativ wird im bayerischen Gemüt durch ein Reduzieren des gesamten Gefühlsspektrums auf ein einziges Gefühl, *die Liab* (Liebe), erreicht. Alle anderen Gefühle werden überlagert und dringen nicht mehr durch, wenn der Bayer oder die Bayerin jemanden *narrisch gern* hat. Das heißt, er und sie sind bereit, sich für verrückt erklären zu lassen und als Narren durchs Leben zu gehen. Wir ahnen, welch tiefe Weisheit hier aus dem bayerischen Gemüt aufsteigt. Die Liebe als Zustand der Verrücktheit. Der Bayer scheut sich nicht, diese Verrücktheit einzugestehen. Dies zeigt aber auch, daß sein Realitätssinn noch funktioniert, denn er nimmt sich noch selbst als Verrückten wahr und riskiert damit, in der bayerischen Gesellschaft verlacht zu werden. Aber das ist ihm in diesem Zustand wurscht. Nicht wurscht ist ihm aber, was seine Angebetete dazu sagt, daß er sie narrisch gern hat. Kein Problem entsteht, wenn sie ihn ebenfalls narrisch gern hat. Aber was geschieht, wenn sie dieses Gefühl nicht erwidern kann. Zunächst wird sie selbstverständlich seine Offenheit respektieren und nach einer Weile antworten: »Mei, scho, oba es paßt net!«

Wie wird er nun mit dieser Enttäuschung umgehen? Welchen sprachlichen Ausdruck wird er finden, um sein Gefühl der Vergeblichkeit zu äußern?

Der eher praktisch orientierte Schwabe würde vielleicht sagen: »Jetzt gugsch'd amol, Mädle!« Ein Satz mit der Bitte um Aufschub einer endgültigen Antwort.

Der in solchen Dingen wenig duldsame Franke würde nach einer von mir durchgeführten Umfrage in Franken seinen Frust ganz anders formulieren. Mehrere Varianten sind denkbar: »Stell di net so an!« Womit eine für Franken nicht untypische Unnachgiebigkeit bestätigt wird.

Eine Steigerung dieser Einstellung gibt der folgende Satz wieder, der ebenfalls genannt wurde, um fränkische Enttäuschung sprachlich zu fassen: »Wenn du sou bist, dann hätt i di eh net mögn!«

Es ist nicht zu fassen! Doch der Franke scheint zumindest in diesem Fall sehr berechnend vorzugehen. Seine Äußerung zeigt, daß er sein Liebesgefühl an die Bedingung knüpft, daß dieses Gefühl erwidert wird, andernfalls könne er es von seiner Seite nicht einbringen. »Wenn du mich liebst, lieb ich dich auch« – bedeutet das: »Deine Gefühle für mich bringen meine für dich erst hervor.« Dies teilten mir Franken über Grundzüge der fränkischen Gefühlswelt mit.

Um auf unser Beispiel zurückzukommen: Was würde der Bayer aus Altbayern – aus Oberbayern, Niederbayern und der Oberpfalz – antworten, wenn er eine Absage von seiner Auserwählten erhält?

»Schad«, würde er traurig rausbringen. Und anschließend: »Dann hoit net.« Er akzeptiert und nimmt es hin.

Natürlich sind auch hier Varianten möglich. »Mädel, mach koan Fehler!« Oder: »Sog des net. I frog di morgn no amoi.«

Für das Gefühl der Enttäuschung wird sprachlich entsprechend den charakterlichen Verschiedenheiten variiert. Es fällt aber auf, daß der Bayer relativ sanft seine Vergeblichkeit einsieht. *Dann halt nicht* kann auch mit einem aggressiven Unterton hervorgestoßen werden, es klingt aber immer nach einer Enttäuschung. Bayern fügen manchmal noch traurig hinzu: »I hob g'moant, des kannt passen.«

Der Bayer moant (meint), er denkt nicht. Er sagt nicht: »Ich hab denkt, des kannt passen«, was ein Nachdenken mit einer gewissen Stringenz voraussetzen würde. Denken strebt einen Begriff an, einen genauen Inhalt. Damit kann der Bayer in Gefühlsdingen nicht operieren. Denken paßt da nicht, wird dem Gefühl nicht gerecht. Spüren will der Bayer das Gefühl. Zum Spüren paßt das *Meinen.* Wer meint, denkt nicht. Meinen ist offener, weniger beengend, wolkiger, unbestimmter, beweglicher.

Wer's glaubt, wird selig!

Eine Erkenntnis, die Sie in Bayern des öfteren zu hören bekommen werden: »Wer's glaubt, wird selig.« Glauben ist die Bedingung für Seligkeit. Da die Bayern gern glauben, dürfen wir annehmen, daß sie ebensogern selig werden wollen. Je mehr einer glaubt, desto seliger wird er. Na ja, ob das wirklich einer glaubt? Ganz auszuschließen ist es nicht. Möglicherweise gibt es ja gesteigerte Formen von Seligkeit, die nur denjenigen zuteil werden, die besonders viel glauben? Davon gibt es in Bayern wiederum sehr viele, was auch damit zusammenhängt, daß es in Bayern eben sehr viele Gelegenheiten zum Glauben gibt. Die täglichen Verlautbarungen aus der bayerischen Staatskanzlei sind nur eine Chance zum Glauben. Gelegenheit schafft auch Glauben. An Gelegenheiten mangelt es in Bayern nicht.

Wer glauben will, kann das in Bayern überall tun. *Nix G'wieß* lautet der Kernsatz der bayerischen Erkenntnistheorie. Ebendeshalb glaubt der Bayer, solange er nichts weiß. Was bleibt ihm auch anderes übrig. Das ist überall auf der Welt so, nicht nur in Bayern.

Der Mensch ist zum Glauben gezwungen, solange er »nix G'wieß woaß«. Selbst in den genauesten wissenschaftlichen Abhandlungen, die eine größtmögliche Theorie für die Welterklärung anbieten, gibt es Bereiche, die nur glaubhaft sind. Es bleibt immer ein Rest Ungeklärtheit, Vermutung und Spekulation.

Und gerade in Bayern ist der Rest des Unbekannten oft größer als das Bekannte. Es gibt gerade in Bayern eine starke Affinität zum Nebel und zum Dunst. Der Bayer fühlt sich schaurig angezogen von geheimnisvollen Verhangenheiten. Aber ist das Zwielichtige und Undurchsichtige nicht überall von größerem Interesse? Schon. Doch in Bayern ist man schneller als anderswo bereit, das Licht aus dem Dunklen rauszuhalten. Eben weil man von vornherein weiß, ohnehin nie alles aufklären zu können. Dieses Wissen läßt den Bayern still und ruhig werden, weil es den Aufwand nicht lohnt. Eine Erklärung suchen wäre zuviel unnötiger Aufwand.

Und da hilft die Kirche: Wenn die Wissenschaft versagt und keine befriedigende Erklärung bieten kann, hat die Kirche, die ihre eigene Wissenschaft betreibt, die Lösung aller Probleme parat, indem sie auf Nachprüfbarkeit ihrer Aussagen verzichtet und auf den Glauben setzt. Kommet alle zu mir, die ihr mühselig und beladen seid, heißt es in der Bibel. Die Menschen suchen Zuflucht im Glauben.

Vergegenwärtigt man sich die immense Verbreitung des Glaubens im heutigen Bayern, so könnte man meinen, daß sich die Menschen im Freistaat in einer ziemlich mühseligen und beladenen Lage befinden. Es könnte der Eindruck entstehen, daß die Menschen in großer Unsicherheit ihr Dasein fristen.

Doch wenn Sie in bayerische Gesichter schauen, so werden Sie sich möglicherweise irritiert fragen, warum die Leute trotzdem so lebenslustig sind. Die Menschen befinden sich zum größten Teil im Zustand fröhlicher Hoffnungslosigkeit. Eine Art lebenslustiger Verzweiflung liegt über dem Land. In Situationen höchster Gefahr für Leib und Leben ruft der Bayer: »A G'scheiter hoit's aus! Und um an andan is eh net schad!« Gescheit bedeutet im Bayerischen ja nicht nur klug, sondern auch stark und damit überlebensfähig. Und der Glaube an die eigene Stärke macht noch stärker. *Self fulfilling prophecy* nennt man diese Einstellung. Man wird stark, indem man sich stark redet. Und die Schwächsten reden oft am lautesten!

Dem Starken kann nichts etwas anhaben. Und ist er nicht stark genug, so brauchen wir kein Mitleid mit ihm zu haben, wenn er der Situation und den Anforderungen nicht gewachsen ist. Der Bayer glaubt also an die natürliche Auslese, nach der nur die Starken überleben werden.

Das war so, als die radioaktive Wolke aus Tschernobyl Bayern erreichte, und wiederholte sich, als der

Rinderwahn die Gemüter bewegte. Der echte Bayer ist schicksalsergeben und erträgt demütig die unvermeidlichen Plagen, die über ihn und das Land kommen werden, in der Sicherheit, daß er zu den Starken gehört und somit sowieso überleben wird.

Alles in allem haben über die Jahrtausende eine Menge Gescheite die Widrigkeiten und Fährnisse der Geschichte ausgehalten, so daß heute in Bayern nur die Gescheitesten von den Gescheiten überleben.

Wie kommt es zu diesem tiefen Glauben in Bayern?

Stellen wir uns wieder einmal die ersten Bayern vor. Wie haben sie reagiert auf die sie umgebenden Phänomene? Gewitter, Blitz und Donner im Sommer. Strenge, frostige und schneereiche Winter. Dunkelheit, Nebel, Naturereignisse wie Sonnenfinsternis, Feuersbrunst und Hagelschauer, die willkürliche, oft zerstörerische Kraft der Natur, welcher der Ur-Bayer hilflos ausgeliefert war. Er muß große Angst gehabt haben, der erste Bayer. Und in der sensiblen bayerischen Seele muß das Gefühl der Angst auf fruchtbaren Boden gefallen sein.

Die harten Gegensätze des Klimas im bayerischen Voralpenland am Ende der Eiszeit haben somit nicht nur tiefe Furchen im bayerischen Voralpenland, sondern auch in den bayerischen Seelen hinterlassen.

Wie sind sie mit ihren Ängsten zurechtgekommen? Die Viehhirten in den Ebenen und auf den verwunschenen Höhen des Bayerischen Waldes?

Sie haben angefangen, zu den Gottheiten zu beten, die sie hinter den angstmachenden Ungeklärtheiten vermuteten. Sie haben zum Donnergott gefleht, er möge sie verschonen mit seinen unheilbringenden Blitzen.

Der Mensch befand sich in einem Zustand unendlichen Unwissens. Er befand sich in der hoffnungslosen Lage, die wir noch heute mit dem Satz kundtun: »Keine Ahnung.« Nicht einmal eine Ahnung gab es, nur grenzenloses Unwissen und daraus resultierend einen tiefen Glauben an etwas, von dem man keine Ahnung hatte.

Leider ist uns von den Anfängen dieses bayerischen Glaubens nicht viel überliefert. Wir wissen im Grunde genommen nichts über eine bayerische Ur-Religion. Falls es denn eine solche überhaupt je gegeben haben sollte, kennen wir ihre religiösen Riten nicht. Es gab wohl in der Jungsteinzeit Kelten in Bayern, die bei keltischen Gottheiten seelische Linderung erfuhren.

Eine speziell bayerische Religion jedoch, die eine ähnlich üppige Vielzahl von Gottheiten wie beispielsweise die ägyptische aufweist, ist uns leider nicht überliefert. Die Bayern hatten keinen Luftgott Schu, der für sie den Himmel hochhielt. Entweder sie hatten einen anderen Gott, der über ihnen das Firmament stabilisierte, oder aber sie hatten kein Problem mit der Frage, wer wohl dafür zuständig sei. Das wiederum würde entweder auf eine gesunde Gelassenheit gegenüber solchen Dingen schließen lassen oder aber die Ursprünge einer typisch bayerischen Ignoranz markieren. Vielleicht neigten die Bayern damals ganz einfach zu einer natürlichen Selbstverständlichkeit des Seins.

Die Frage, warum der Himmel nicht auf sie herabfällt, hatte für sie keine Bedeutung.

Boshafte Religionskundler sprechen gelegentlich auch von den Anfängen einer typisch bayerischen Gleichgültigkeit gegenüber Grundfragen des Seins. Diese Erklärung ist allerdings durch nichts belegt und muß in das Reich der Spekulation verwiesen werden.

Wir können uns die religiöse Lage im Ur-Bayern wie einen Glaubensbasar vorstellen, an dem sich jeder nach Belieben bediente. Es waren römische Glaubensreste, keltische Götterangebote und germanische Religiosität (Wotan, Frigga) vorhanden. Aufgrund der verschiedenen Volkstümer und verschiedenster zuagroaster Stämme, die alle ihre Religion einschleppten, herrschte in Bayern ein religiöses Durcheinander der besonderen Art, und die Bayern waren damit zufrieden. Sie waren eben immer schon ein tolerantes Volk.

Diese Offenheit änderte sich schlagartig mit Einführung des katholischen Glaubens.

Den katholischen Glauben haben im achten Jahrhundert iro-schottische Missionare nach Bayern gebracht: Emmeram, Korbinian und Rupert hießen die Glaubensbringer. (Warum sie typisch bayerische Namen gehabt haben, weiß leider in der Zwischenzeit kein Mensch mehr. Vielleicht waren es ausgewanderte Bayern, die sich zeitweilig in Irland oder Schottland aufgehalten haben?) Deshalb werden sie in Bayern immer wieder auf Emmerams-Kapellen, Emmerams-Mühlen, Korbinians-Kirchlein und Ruperti-Winkel stoßen, die an die drei Missionare erinnern sollen.

Warum fanden sie Gehör? Wohlgemerkt – Iren und

Schotten? Die Bayern, sonst argwöhnisch gegen alles Fremde – warum haben sie ihnen zugehört, und warum haben sie sie nicht wieder heimgeschickt oder umgebracht? Die Vermutung liegt nahe, daß die frühen Bayern mit ihren Göttern aus unerfindlichen Gründen unzufrieden waren. Das wäre ein triftiger Grund gewesen, den Glauben zu wechseln.

Oder müssen wir vermuten, daß sie lediglich dem neuen Religionstrend der Zeit nachgelaufen sind? Im 7. Jahrhundert war das Christentum im mitteleuropäischen Raum durchaus trendy und angesagt. Möglich ist auch, daß die irisch-schottischen Glaubenshändler didaktisch klug vorgingen, weniger fundamental argumentierten und das erste Gebot (du sollst keine fremden Götter neben mir haben!) zunächst beiseite ließen. Sie versuchten vielmehr, sanft und behutsam den neuen Glauben in die bayerischen Seelen einzulagern und in die vorhandene heidnische Glaubensmasse unterzuheben. Zwang hätte eine typisch bayerische, oberarmgesteuerte Form der Ablehnung alles Neuen hervorgerufen.

Sie brachten den katholischen Glauben einfach als zusätzliches Glaubensangebot ins Spiel. Sie eröffneten schlicht eine zusätzliche, eine weitere Perspektive ins Jenseits. Der Bayer wagte einen ersten Blick ins christliche Paradies. Der bayerische Bauer könnte darauf gesagt haben: »Probiern kannt ma's ja amoi. Wenn's net schad'. Schaden werd's scho net!«

In Benno Hubensteiners »Bayerischer Geschichte« klärt uns der Autor darüber auf, daß wir im 7. Jahrhundert in Bayern »noch kein schlackenreines, innerlich erlebtes Christentum suchen dürfen ... Christentum und Heidnisches mochten oft in seltsamer Wirrnis nebeneinanderstehen.« Das glaubt man gern. Denn der Bauer frißt nicht, was er nicht kennt. Dieser Satz gilt nicht nur auf Nahrungsmittel bezogen, sondern erst recht auch im übertragenen, geistigen Sinne.

Die ersten bayerischen Christen hatten eine sehr praktische Einstellung zum Glauben. Alles, was in der Seelennot Hilfe versprach, wurde beansprucht.

Das war in Bayern immer so, und das ist auch heute noch nicht viel anders. Zauberkundige Frauen, Kräuterweiberl gab es immer, und heute sitzen sie in Bayern mit roten Backen, in bunte Röcke und Jacken und Tücher gekleidet, in den Fußgängerzonen und bieten ihre Naturprodukte an. Nach wie vor sind Volksglaube und Brauchtum in Bayern aktiv. Der Bayer ist durch und durch Katholik, aber auch froher Heide. In jedem echten Bayern gibt es ein dunkles Reservat ganz hinten in der Seele, in dem die alten Kobolde und Geister hausen: Truden, Schrazen, Holzweiberl, Hebergoassen, Krampusse und Perchten spuken und weizen immerfort. In den Rauhnächten, bei den Sunnwendfeiern, bei zahlreichen Umritten und Leonhardifahrten öffnet der Bayer sein Geisterkammerl und läßt sie raus, die Windsbräute und Sturmdämonen, die Nebelfrauen und Schneegespenster, Klopfgeister, die wuide Bärbl, die schiache Luz und den bluadigen Thamerl.

Warzen sollte man mit einem Bindfaden abbinden und den Rest des Fadens bei Vollmond in der Dachrinne vergraben. Danach ist man die Hautwucherung für immer los. Solche und ähnliche Anwendungen gibt es jede Menge, und sie werden bis in unsere Tage empfohlen. Moderne Hexen gibt es mehr als genug in Bayern. Sie verfügen heute über Laptop und Handy und halten so Kontakt zu ihren Gläubigen.

Glei glaub i's ... Überall in Bayern stoßen wir auf Orte des Glaubens. Das ganze Land kann als ein großer barocker Glaubensraum begriffen werden. Aus der Höhe betrachtet, aus sehr großer Höhe, einer Höhe, die für Menschen unerreichbar ist, denn dieser Aussichtspunkt gebührt nur dem allmächtigen Gott – von dort oben ließe sich Bayern als gigantisch großes barockes Gotteshaus erkennen. Mit unzähligen Seitenschiffen und Altären. Ein überdimensionales Kripperl! Idyllisch, romantisch, griabig, gemütlich und dabei unendlich erhaben. Mit Domen, Kirchen, Kapellen, unzähligen Herrgottswinkeln und Pfaffenwinkeln, Marterln und Wallfahrtsorten ist das Land gespickt und übersät. Die Städte sind bestimmt durch katholische Bauten. Um die Kathedralen arrondieren sich die Bürgerhäuser und verharren in geduckter Stellung, gleichsam gebeugt vor dem klerikalen Bau.

In Regensburg, der mittelalterlichen Hauptstadt Bayerns, steht ein ehrfurchteinflößender gotischer Dom. Diese hoch aufragende Kirche mit ihren zwei spitzen Türmen und die vielen anderen herrlichen, meist romanischen Baudenkmäler der Stadt sollten Sie schon gesehen haben, wenn Sie Bayern bereisen.

Hundertzwanzig Kilometer donauabwärts erreichen Sie eine andere, ebenso mittelalterlich strahlende Stadt. Die an der Mündung von Donau, Inn und Ilz gelegene Dreiflüssestadt Passau, wo ebenfalls ein respekteinflößendes Gotteshaus das Bild der Stadt bestimmt. Im gotisch-barocken Stephansdom zu Passau erklingt die größte Kirchenorgel der Welt mit über 16000 Pfeifen. In Bamberg, Würzburg, Augsburg – es gibt keine Stadt in Bayern, in der Sie nicht kirchliche Baukunst bestaunen können. Daneben locken zahlreiche Klöster und Abteien ihre Besucher an: Andechs, Benediktbeuern, Niederaltaich, Bogen – unmöglich, alle hier aufzuführen.

Es kann gut sein, daß Sie überhaupt keine Lust verspüren, Kirchen und Klöster zu besichtigen. So etwas soll ja schon vorgekommen sein. In Italien läuft man in jeden Steinhaufen hinein, um auf den Spuren der Etrusker zu wandeln, doch daheim in Bayern verschmäht man die Besichtigung der Barockkirchen vor der Haustüre. Auch wenn Sie längst aus der Kirche ausgetreten sind, sollten Sie das hin und wieder in Erwägung ziehen.

Aus der Vielzahl der Glaubensorte sticht besonders Altötting heraus. Der leidenschaftliche Hang zum Glauben tritt an keinem anderen Ort in Bayern klarer in Erscheinung als bei der Madonna in der Gnadenkapelle neben dem Hotel zur Post, das einem ehemaligen bayerischen Finanzminister gehört, dessen steuerherabsetzende Art mit der besonderen Gnade in Verbindung gebracht wurde, die nur in Altötting zu erlangen ist.

Dieser Finanzminister hatte zusammen mit dem damaligen Landesvater F. J. Strauß dafür gesorgt, daß einem niederbayerischen Bäderkönig eine Steuerlast von beinah 70 Millionen erlassen wurde. Wie viele Kerzen der Mann in Altötting dafür gestiftet hat, weiß niemand. Ob bei diesem Vorgang die Heilige Mutter Gottes beteiligt war, wagen wir zu bezweifeln. Aber, so scheint es im nachhinein, konnte sie weder den Ministerpräsidenten noch ihren unmittelbaren Nachbarn, den Posthotelier und Finanzminister, davon abhalten, dem Bäderkönig zu helfen. Die Steuersache konnte nie ganz aufgeklärt werden. Man hatte wieder einmal Gelegenheit, mehr zu glauben, als zu wissen. Fest steht, daß unter Mithilfe des gesamten bayerischen Kabinetts einer Einzelperson, die zufällig mit dem Ministerpräsidenten befreundet war, ein Dienst erwiesen werden sollte, der dann letztendlich doch nicht zustande kam, weil – und das ist für viele der eigentliche Skandal – die Geheimhaltung nicht gewahrt werden konnte. Der Finanzminister durfte sich danach aus dem politischen Geschäft zurückziehen und setzt seine Kräfte heute an anderer Stelle für das Land ein. Es ist still geworden um ihn.

Ein paar unangenehme Fragen, ein Ermittlungsverfahren, ein Prozeß sogar wurde gegen ihn angestrengt, ein Urteil erging wohl nicht. Gegen Zahlung einer Buße wurde das Verfahren eingestellt. Es ging glimpflich ab für den Postwirt. Wahrscheinlich hat Unsere Liebe Frau ihm geholfen.

Altötting als Gnadenort erfreut sich uneingeschränkter Beliebtheit. Rund um die Gnadenkapelle findet die Gnade der Gottesmutter auch einen kommerziell verwertbaren Ausdruck. Sie haben Gelegenheit, sich mit Andenken und Devotionalien jeglichen

Geschmacks einzudecken. Vielleicht hilft Ihnen die Madonna von Altötting bei der Auswahl.

Der Glaube versetzt Berge. Wenn dieser Satz irgendwo stimmt, dann in Altötting. Während der Studentenrevolte der sechziger Jahre wurde der Satz ins Hochdeutsche übersetzt und fand auch in Bayern Gehör. Seien wir Realisten, fordern wir das Unmögliche. Im bayerischen Denken ist das Unmögliche eng mit dem Glauben verknüpft – Wunder gibt es immer wieder.

In Altötting finden Sie eine Menge Zeugnisse solch unmöglicher Wunder. Kein Wunder ist, daß die Herzen der Wittelsbacher Bayernkönige in der Gnadenkapelle im Altarraum aufbewahrt werden. Die Herzen der bayerischen Könige lagern in unmittelbarer Nähe der Gottesmutter von Altötting. Hier ist sie wieder spürbar, die besondere Nähe zu Gott. Es ist eben ein besonderer Ort der katholischen Mystik, der Begegnung und der Nähe.

Altötting liegt etwa neunzig Kilometer südöstlich von München, und Sie erreichen dieses bayerische Mekka bequem mit dem Auto, indem Sie auf der Bundesstraße 12 über Mühldorf Richtung Passau fahren.

Fronleichnams-Demonstration

Auf den Straßen Bayerns ist ziemlich viel los. Neben Autos der Marken BMW und AUDI, die man als original bayerische Marken bezeichnen darf und deren Piloten manchmal glauben, sie seien alleine auf der Straße, rollen auch noch sehr viele andere Fahrzeuge übers Land. Der unerschütterliche Glaube der Autofahrer, sie könnten trotz zunehmenden Verkehrs zügig reisen, gehört zum Unglaublichsten, was es überhaupt gibt.

Selbstverständlich geben wir zu, daß der zunehmende Straßenverkehr weiß Gott keine allein bayerische Eigenart ist. Im Stau können Sie in ganz Deutschland stehen. Freilich vermuten wir, daß ein Aufenthalt in einem bayerischen Stau, auf einer bayerischen Autobahn, die durch die anmutige Landschaft des bayerischen Voralpenlandes führt, um vieles angenehmer zu ertragen ist als im Ruhrgebiet, wo die Landschaft das Auge lange nicht so erfreut wie in Bayern. Es ist halt ein Erlebnis der besonderen Art, wenn man auf der Salzburger Autobahn im gemächlichen *stop and go* die Alpen zum Greifen nahe im Abendrot glühen sieht. Der Augenschmaus läßt einen den Stau glatt vergessen.

Auch das Warnschild vor Wildwechsel und der Hinweis auf Krötenüberquerungen sind nichts Ungewöhnliches in Bayern. Soweit ist alles normal.

Was allerdings wirklich auffällt, ist die relativ hohe Zahl von Pilgern, die sich zu einem Gnadenort der Heiligen Mutter Gottes oder zu einer anderen heiligen Stätte aufgemacht hat. Vor allem im schon erwähnten Altötting sollten Sie darauf gefaßt sein, auf gläubige Wanderer zu stoßen, die mit einem geschulterten Kreuz zu ihrem Heiligen unterwegs sind. Begegnen Sie diesen Menschen mit dem nötigen Respekt. Sie haben ein Gelübde getan und sind dabei, ihr Versprechen einzulösen. In ihrem Leben gab es eine entscheidende Begebenheit, eine Sache auf Leben und Tod, und für den Fall, daß die Geschichte gut ausgehen würde, »verlobten« sie sich mit einem Heiligen, baten ihn um Fürsprache und Hilfe bei Gott dem Allmächtigen. Wenn die Sache zu seiner Zufriedenheit gelaufen ist, schultert der Pilger sein Kreuz und zieht los gen Altötting: »Pack ma's, heift ja nix.«

Menschen, die ein Gelübde abarbeiten, demonstrieren somit in aller Öffentlichkeit für Gott. In Bayern treibt der Glaube die Menschen auf die Straße. Einmal im Jahr, an Fronleichnam, es ist immer ein

Donnerstag im Frühsommer und in Bayern ein gesetzlicher Feiertag, findet eine Großdemonstration des katholischen Glaubens statt. Die Katholiken schmükken an diesem Tag ihre Häuser mit Birkenbäumen und beflaggen sie mit allerlei Fahnen und Fähnchen.

In den Straßen ihrer Gemeinde errichten sie vier prächtige Altäre mit kunstvoll gestalteten Blumenteppichen, die sie während ihrer Prozession ansteuern. An der Spitze des Zuges tragen drei Ministranten das Kreuz des Herrn. Dahinter schreiten die Jugendorganisationen der Jungkatholiken, die Pfadfinder, die Katholische Studierende Jugend, der Posaunenchor, der zusammen mit dem Kirchenchor die musikalische Begleitung besorgt, noch vor den Erstkommunionskindern. Die Mädchen, blumenstreuend in weißen Kleidchen, kleine katholische Blumenkinder sind sie, gehen mit Jungfernkränzlein in den Haaren vor den Buben in blauen Anzügen, dicht gefolgt von Ministranten in prächtigen roten Gewändern mit weißen Chorhemden darüber, das Weihrauchfaß majestätisch schwingend, und danach, unter einem himmlischen Baldachin, der von vier Bundeswehrsoldaten in Ausgehkleidung – unbewaffnet, aber stahlbehelmt – gehalten wird, schreitet der Pfarrer. Er ist eingehüllt in ein goldenes Meßgewand aus schwerem Brokat, einem sogenannten Rauchmantel, der über der Brust mit einer kunstvoll geschmiedeten Goldschnalle zusammengehalten wird. In seinen weichen Händen hält er eine von goldenen Feuerzungen umzüngelte Monstranz in die Höhe, in deren Mitte, in einem herzförmigen Schrein, der Leib des Herrn in Gestalt einer Hostie ruht. Hinter diesem getragenen Himmel folgen einige Vertreter der Burschenschaften in vollem Wichs, und dahinter geht die Gemeinde der Gläubigen.

Wenn Sie nun zufällig an Fronleichnam mit dem Auto nach Bayern kommen sollten und vorhaben, vormittags ins Zentrum einer bayerischen Stadt zu fahren, werden Sie an polizeilich gesicherten Absperrungen zum Stehen kommen.

Meines Wissens war Fronleichnam lange Zeit die einzige katholische Demonstration überhaupt. Wenn es aber darum geht, ob in Bayerns Schulen Kruzifixe in den Klassenzimmern hängen sollen oder nicht, dann ist das natürlich ein triftiger Grund, um auch außerhalb der kirchlich vorgeschriebenen Demo-Termine auf die Straße zu gehen. Von sich aus käme der katholische Bayer nicht auf die Idee, seinen Protest in öffentlichen Versammlungen auf Straßen und Plätzen zu artikulieren. Demonstrieren steht im Ruf, ein linkes Mittel der Meinungsäußerung zu sein. Wenn aber die Bischöfe von der Kanzel herab dazu aufrufen, hat der gläubige Katholik in Bayern kein Problem damit, gegen ein Urteil des Bundesverfassungsgerichts zu demonstrieren. Mit dem Segen der Kirche versehen, kann man auch in Bayern getrost Grundrechte in Anspruch nehmen. Überflüssig zu erwähnen, daß katholische Kirche und Bayerische Staatsregierung gegen das Schandurteil von Karlsruhe fest zusammenstanden, was wiederum Anklang beim bayerischen Volk fand, denn das Urteil stieß auf wenig Gegenliebe: »Es is scho a rechts Kreiz mit'm Kreiz!«

Gut, das Urteil mag rechtskräftig sein, die Umsetzung ist wieder eine ganz andere Frage. Bayern ist ein durch und durch katholisches Land, und es müßte schon mit dem Teufel zugehen, wenn die bayerischen Katholiken nicht Wege und Mittel fänden, dieses Urteil im Alltag zu umgehen. Und wenn es nicht anders geht, dann geht es auch mit dem Teufel, der bekanntlich im Detail steckt. Auf Bayerns Katholiken kann sich die katholische Kirche verlassen.

Zwar klagen die Bischöfe darüber, daß es immer weniger Schäfchen gibt, die den sonntäglichen Gang zur Messe antreten, und die kritischen Stimmen aus der Herde, die mit ihren Oberhirten unzufrieden sind, werden immer lauter, aber im großen und ganzen läuft der Laden nach wie vor gut. Die Menschen glauben halt gar zu gern in Bayern. Die Nebel des Weihrauchs dringen in alle Ritzen.

Bayerische Philosophie

In dem bayerischen Stück »Der Brandner Kaspar schaut ins Paradies«, das am Bayerischen Staatsschauspiel in München über tausendmal aufgeführt wurde und immer ausverkauft ist, hat der Tod, der *Boandlkramer,* schlechte Karten. Er will den Brandner Kaspar holen, aber der mag noch nicht sterben und macht ihn mit Kirschschnaps besoffen. Der Boandlkramer, schon arg betrunken, ist gewillt, ihm noch ein paar Monate Leben zuzugestehen. Allein, der Kaspar will mehr. Achtzehn Jahre fordert er, denn neunzig Jahre möchte er alt werden. Als der schwarze Spezl rigoros ablehnt, schlägt ihm der Kaspar ein Kartenspiel vor. Der Boandlkramer wäre kein Bayer, wenn er darauf nicht eingehen würde. Und er geht ziemlich ein und verliert. Am Ende des Stücks schaut der Kaspar ins Paradies und will gar nicht mehr nach Bayern zurück, weil das Paradies, wie könnte es anders sein, nichts anderes ist als ein gesteigertes Bayern. Ein bayerischer Superlativ sozusagen, eine überirdische Idealisierung Bayerns, eben das Paradies auf Erden.

Vielleicht nimmt der Carl Amery genau auf diesen Superlativ Bezug, wenn er den Bayern ein »prähistorisches Grundgefühl von der Stetigkeit der Welt« zuschreibt.

In diesem Grundgefühl weiß sich der Bayer aufgehoben und kann sich in Sicherheit wiegen. Da ist etwas Wahres dran. Wir Bayern wissen, daß wir uns auf unser schönes Bayernland verlassen können, denn Gott liebt sein Bayern, und drum wird Bayern immer sein! Das Prinzip Vergänglichkeit hat Gott für Bayern außer Kraft gesetzt. Die zerstörerischen Kräfte des Bösen, das Dunkel des Nichts hat in Bayern keine Chance.

Amery findet bei Ernst Bloch einen Beleg für die »statische Weltfrömmigkeit« Bayerns. Bloch wiederum nimmt sich den bayerischen Philosophen Franz von Baader vor, nach dem in München eine Straße benannt wurde (übrigens eine Einbahnstraße). Na ja, vielleicht geschah es auch deshalb, weil wir in Bayern mit bayerischen Philosophen nicht gerade übersät wurden. Was auch wieder verständlich ist. Bei so viel Gefühl hat das stringente Philosophieren nicht viel Platz. Bayern ist für den kritischen Geist einfach zu schön.

Bei Baader hat es wohl gut hingehauen, er war ein katholischer Romantiker. Er führte katholische Theologie mit logischer Philosophie zusammen. Logik und

Vernunft auf der einen Seite, Religiosität und romantisches Fühlen auf der anderen. Eigentlich nur logisch, daß nur ein bayerischer Philosoph so etwas zusammenbringt. Baader war an der Münchner Universität Professor der Philosophie und erstellte dort ein erstaunliches Gedankengebäude.

Er verabscheute die Vernunft und setzte auf den Glauben. (Wenn das nicht gute bayerische Philosophie ist, was dann?) Baader erklärte den Menschen als unselbständig. Sein Wollen und Wissen ist nicht eigenständig. Er weiß nicht, was er will, und er will, was er nicht weiß. Der Mensch ist abhängig von einer höheren Macht. Diese höhere Macht überläßt ihm ein Teilwissen und macht ihn zum Mitwisser. All sein Wissen ist »geistige Empfängnis« aus dem göttlichen Urwissen. Solche Gedanken können nur in Bayern erblühen. In keinem anderen Land gibt es mehr Mitwisser, die ihr Teilwissen für sich behalten.

Alles Denken und Sein hängt für Baader vom Gedachtwerden durch Gott ab. »Am Anfang war das Wort« heißt es in der Genesis. Dieses Wort konnte nur *Bayern* lauten. Natürlich wissen wir, daß damit zunächst nur *die Idee* gemeint war, die vor jeder Schöpfung steht.

Das kann nur bedeuten: Gott hat Bayern erdacht und erdenkt und bedenkt es immer wieder. Er findet Gefallen daran und läßt es nicht verkommen. Auch Bayern ist aus einem Nichts entstanden, wie alles, was entsteht, aus einem Nichts kommt. Nur in diesem Fall war es von vornherein ein bayerisches Nichts, das wiederum eine andere Qualität aufweisen mußte, nämlich die Qualität eines sich selbst auflösenden Nichts. Denn Gott wollte nicht, daß die zerstörerischen Kräfte des Nichts in Bayern je wieder wirksam werden. Der Abgrund des Nichts, der sonst überall droht, ist in Bayern durch Gottes Gnadenschild zugestellt.

Die Apokalypse wird in Bayern nicht stattfinden. Fällt sozusagen aus, weil sie nicht ins bayerische Bühnenbild paßt. Gottes Barmherzigkeit verhindert, daß Bayern vergeht. Er könnte es nicht mit ansehen. Der Mensch vergeht, doch die bayerische Natur bleibt. Bayern gehört zum Paradies. Im Paradies gibt es nur Unschuldige. Freilich, der Baum der Erkenntnis steht auch in Bayern herum. Doch kaum einer kommt auf die Idee, davon zu essen. Man weiß von vornherein, daß man besser ohne die Erkenntnis von Gut und Böse lebt. Man weiß aber auch, daß man die Erkenntnis haben könnte. Als Mitwisser weiß man, daß man sich zurückhalten kann. Daraus entsteht das Gefühl, es ist schon alles gut, so, wie es ist. Man ist deshalb in Bayern immer skeptisch, wenn einer kommt, um etwas zu verbessern. Nach Baaders Philosophie kann das auch nur ein Mitwisser sein, und ob der mehr weiß als alle anderen Mitwisser, ist die Frage. *»Des wird scho wos sei«,* grantelt der Bayer wissend und fragt mißtrauisch: *»Wos kann des scho sei?«*

Sartres Existentialismus wäre in Bayern chancenlos geblieben. Hätte Sartre statt in Paris in München gelebt, er hätte sich nie dem Nichts gewidmet. Sein Existentialismus wäre immer an der Schönheit der bayerischen Natur zerbrochen. Der Philosoph des Nichts wäre im Englischen Garten gelustwandelt und hätte am Monopteros jeglichen Gedanken an das Nichts verworfen! Den Blick auf die Nackten am Eisbach gerichtet, wäre er vor lauter Sinnenfreude nicht zum Nachdenken gekommen. Ebenso ist Heideggers Philosophie in Bayern undenkbar. Seine Angst vor der Langeweile wäre in Bayern verflogen.

Warum fehlen in Bayern die großen Denker, die Visionäre, die Weltenplaner? Hegel, Heidegger, Fichte, Kant – keiner der ganz großen Geister kommt aus Bayern. Schelling, ein Schwabe, war in München, um es wieder zu verlassen. Manche Nordlichter behaupten, in Bayern werde kritisches Denken verhindert. Es muß nicht verhindert werden, es kommt gar nicht erst auf.

Niemand muß hier eingreifen, um einen Denker am Denken zu hindern. Die bayerische Natur umfängt den Geist und zieht ihn hinaus auf die Wiesen, auf die Berge, läßt ihn aufsteigen in den weiß-blauen Himmel, wo er auf einer Wolke ruht und sich vergißt. Geistvergessenheit liegt über Bayern.

Nur wenigen gelingt es, sich dem Sog der Geistvergessenheit zu entziehen. Franz von Baader war wohl einer, dem es durch seinen starken Glauben gelang, eine bayerische Philosophie zu entwerfen.

Bayerische Seelenlage und bayerische Gemütlichkeit

Hat der Bayer nun ein eher schlichtes, einfaches Gemüt mit holzschnittartigen Gefühlsregungen, oder schlummert in seiner Seele ein fein abgestufter Fächer von Gefühlen? Wer kann dazu schon eine befriedigende Auskunft erteilen? Die bayerische Seele wurde zwar immer mal wieder untersucht und vermessen, doch endgültige Aussagen, die einen allgemeingültigen Anspruch erheben könnten, fehlen.

Es gibt eine Vielzahl von selbsternannten Bayernexperten, die ihre Überlegungen zu den Eigenarten der bayerischen Lebensart zwischen zwei Buchdeckeln festgehalten haben.

In den Buchhandlungen wird man Ihnen unter der Rubrik Bavarica eine große Auswahl von Büchern empfehlen, die alle erschöpfende Auskunft zum Thema Bayern versprechen. Die meisten Autoren dieser weiß-blauen Literatur versuchen auf humorvolle Weise das typisch Bayerische zu ergründen. Manche davon sind sehr gelungen, andere weniger.

Am spannendsten finde ich immer noch Lion Feuchtwangers Roman »Erfolg« und Oskar Maria Grafs Erinnerungen »Gelächter von außen« und sein Bekenntnis »Wir sind Gefangene«. Feuchtwanger und Graf schöpfen in ihren Romanen jeder auf seine Weise aus dem prallen bayerischen Leben.

Bayerische Gemütlichkeit unterscheidet sich von anderen gemütlichen Stimmungen durch ihr spezielles weiß-blaues Erscheinungsbild. Der Gemütlichkeitswillige muß sich dazu an einen Wirtshaustisch hocken und sich bei Bier und bayerischen Speisen wie Radi, Wurschtsalat und Schweinsbraten von der dadurch entstehenden Stimmung umwölken lassen.

Wenn Sie wissen wollen, was bayerische Gemütlichkeit ausmacht, dann lesen Sie Feuchtwangers »Erfolg«.

Großartig, wie treffend Feuchtwanger die klassisch bayerische Atmosphäre in der Tiroler Weinstube beschreibt, als der Minister Dr. Klenk eintritt, um sich den »Hauptspaß« mit seinem Ministerkollegen Dr. Franz Flaucher, dem »traurigen Hund«, zu gönnen: »Die betont bürgerliche Gemütlichkeit, die Holztäfelung, die massiven ungedeckten Tische, die altväterlichen, festen, für seßhafte Männer gemachten Bänke und Stühle, das war der richtige Rahmen für den Dr. Franz Flaucher. Da hockte der schwere Mann mit seinem breiten, eigensinnig dumpfen Schädel, rings um ihn saßen auf gewohnten Plätzen Männer in festen Stellungen, mit festen Ansichten. Der Raum war dämmerig vom Rauch guter Zigarren und vom Dunst nahrhafter Speisen. Aus einem nahe gelegenen Bierlokal drang durch die geöffneten Fenster der Gesang einer beliebten Volkssängergruppe; der Text ein Gemisch von Rührung und eindeutiger Fleischlichkeit. Draußen lag eng und verwinkelt der kleine Platz mit dem weltberühmten Bräuhaus. Hier also hockte auf dem gewohnten festen Holzstuhl, den Dackel Waldmann zu seinen Füßen, der Minister Dr. Franz Flaucher, Maler, Schriftsteller, Wissenschaftler um ihn herum ...«

Feuchtwanger gewährt uns hier einen tiefen Blick auf ein nach wie vor gültiges bayerisches Tableau. Die beschriebenen Personen hocken auch heute noch auf ganz ähnliche Weise in ähnlichen Lokalen der bayerischen Landeshauptstadt. Eigensinnig, breit, dumpf auf gewohnten Plätzen. Selbstverständlich zeigt die Szene nur einen schmalen Ausschnitt der bayerischen Wirklichkeit. Daneben finden sich extrem anders komponierte Bilder, die eine ebenso tiefbayerische Erlebensweise wiedergeben.

Oskar Maria Graf berichtet in seinen Erinnerungen »Gelächter von außen« von einer turbulenten Versammlung im Mathäserbräu der Unabhängigen Sozialistischen Partei im vorrevolutionären München:

»Der Seppi, wie man ihn allgemein hieß, war von Beruf Bauarbeiter und damals fanatisch treues Parteimitglied. Zu bauen gab es nichts, also war er dauernd arbeitslos, was ihm ganz recht war, denn für ihn existierten überhaupt nur die Arbeiterbewegung, die Partei und der Sozialismus. Dafür war er Tag und Nacht unterwegs. Er war klein, kräftig, eisern gesund, hatte starke O-Beine, ein lustiges Nußknackergesicht, war stets guter Laune und – sangesfreudig.«

Hier beschreibt uns Graf einen ganz anderen Bayern, einen lebenslustigen Proletarier, der, wie wir dann erfahren, auf dem Podium die Versammlung mittels einer Glocke leitet. Als auf der Veranstaltung, durch viele Zwischenrufe gestört, die Emotionen hochkochten und ein Tumult im Saal unvermeidlich schien, weil sich ein sozialdemokratischer Redner gegen die Revolution aussprach, »schnellte der glokkenschwingende Seppi wie eine gesprungene Matratzenfeder in die Höhe und schrie noch lauter: No ja, Genossen, machen mir hoit a Revolution, daß a Ruah is –!«

Carl Amery verweist in seinem Buch »Leb wohl, geliebtes Volk der Bayern« ebenfalls auf die geschilderte Szene. Amery entdeckt bei Grafs Seppi den »ältesten Revolutionsbegriff überhaupt«, nämlich einen Rückschritt hin zu ehemals ruhigen Verhältnissen. Er versteht die bayerisch formulierte Aufforderung des Münchner Sozialisten zum »Revolution machen« dahingehend, daß nach vollendeter Revolution die »gottgewollte« Ruhe einkehren möge, die »Wiederherstellung naturgewollter Verhältnisse« bewerkstelligt werde.

Ob da der Carl Amery nicht ein bisserl zu viel hineininterpretiert? Man kann den Satz freilich so verstehen, wie Amery ihn verstehen will. (Was übrigens auch gute bayerische Art ist.) Nur, ist es nicht vielmehr so, daß, wer Revolution macht, zunächst keine Ruhe hat, sondern genau das Gegenteil davon? Ein Revolutionär wird meistens von einer großen Unruhe erfaßt. Unruhen sind oft die ersten Vorboten eines Umsturzes. Eine Revolution ohne vorausgehende Unruhe ist sehr unwahrscheinlich. Viel wahrscheinlicher ist, daß der Grafsche Seppi die Ruhe im Saal herbeisehnte, um einerseits eine drohende Rauferei zwischen SPD und USPD zu verhindern und andererseits die gebündelte Unruhe auf die Straße zu leiten, um sie der Revolution zuzuführen.

Wie auch immer, der Satz weist eine absurde Ambivalenz auf, die beide Interpretationen einschließt.

Gemütlich kann es sein, wenn der Bayer ganz allein an seinem angestammten Platz im Wirtshaus sitzt und vor sich hin sinniert. Wenn er dann noch sein Goaßg'schau kriegt, ist die Welt in Ordnung. Das Goaßg'schau ist ein bestimmter meditativer Blick, der in Bayern zur Entspannung angewendet wird. Dazu reduziert der Bayer die optischen Reize nach und nach auf einen Punkt im Raum. Wenn er allein vor einem Bier hockt, befindet sich dieser Punkt in der Regel mitten in der Schaumkrone seines Bieres. Nach einer gewissen Zeit konzentrierten Schauens verschwimmt der Blick in der Unschärfe. Der Meditierende sieht durch den Konzentrationspunkt hindurch nichts mehr. Es handelt sich beim Goaßg'schau um einen tiefen Blick vom Sein aus ins Nirwana. Es ist eine Innenansicht, die außen sichtbar wird. Man schaut nach innen, sieht aber nur sich selbst, indem man aus sich hinausschaut. Im Goaßg'schau zeigt sich die hohe Schule bayerischer Meditationskunst. Könner dieser Übung schwärmen von der großen entspannenden Wirkung. Im Goaßg'schau verdichtet sich die Gemütlichkeit zu ihrer reinsten Form.

Aber auch in größeren Dimensionen wird Gemütlichkeit in Bayern regelmäßig vollzogen. Das Bier wird literweise aus Maßkrügen getrunken, die Ochsen werden als Ganzes am Spieß gebraten, alles ist wuchtiger, wilder und mächtiger. Das Großformat der bayerischen Gemütlichkeit, die Wiesn, das Oktoberfest in München, findet seine politische Entsprechung einmal jährlich im Frühjahr am Aschermittwoch in der Nibelungenhalle beim politischen Aschermittwoch der CSU in Passau.

Diese Großveranstaltung der politischen Gemütlichkeit sollten Sie auf keinen Fall versäumen. Sie sollten dabeisein, wenn sich Tausende von Menschen in »der Halle« zu einem großen Rauschritual versammeln. Der Rednerrausch des Hauptredners steht in enger wechselseitiger Beziehung zum Gemütsrausch der Zuhörer. Zu bayerischen Schmankerln wie Fischsemmeln, Leberkäse und Weißwürsten vernimmt der Rauschwillige die vom Vorsitzenden der CSU in deftigen Worten vorgetragene Grundmelodie bayerischer Eigenständigkeit. Dabei gelingt es den Rednern jedes Jahr wieder aufs neue, die Zuhörer in einen tranceartigen Zustand zu versetzen, in dem die Vernunft weitgehend ausgeblendet werden kann und dem reinen

Gefühl eine absolute Vorherrschaft gegenüber Argumenten eingeräumt wird.

Nicht ganz unwichtig ist hier die beruhigende Wirkung des bayerischen Nationalgetränks, das in Bayern auf sämtlichen Massenveranstaltungen ausgeschenkt wird – das Bier: Helles, Dunkles, Weißbier, Bock und Doppelbock … Nach der zweiten oder dritten Maß ist der Bayer in der passenden Stimmung, um die Argumente der Redner nur noch peripher wahrzunehmen. Er fühlt sich in diesem kollektiven Zustand der Bierseligkeit sauwohl. Auf diese Weise entsteht eine Massengemütlichkeit, die ihresgleichen sucht.

Vom Granteln und Zwidersein – Bayerisches Gemüt

Wir wollen nicht geschwollen daherreden, aber bayerische Gemütlichkeit können wir als polysensible Form gemeinschaftlichen Erlebens definieren. Können wir, müssen wir aber nicht, gell? Gemütlichkeit ist eine sentimentale Mehrfachschwingung parallel empfundener Erregtheiten. Wer weiß, vielleicht kann mit dieser Definition jemand etwas anfangen? – Für alle, die diese Definition nicht befriedigt, versuchen wir es einfach noch einmal anders.

Es herrscht in Forscherkreisen weitgehende Übereinstimmung darüber, daß in allen nationalen Gemütern ein Leitmotiv hallt. Man meint zumindest, eines vernehmen zu können. Um die Grundgestimmtheit eines Nationalgemüts zu verdeutlichen, mag als Vergleich die Stimmung von Musikinstrumenten hilfreich sein.

Blasinstrumente werden in verschiedenen Grundstimmungen notiert. Es gibt Trompeten in B und C; Saxophone in Es und in B. Saiteninstrumente werden vor dem Spiel ebenfalls grundgestimmt. Es geht hier um die Grundstimmung des bayerischen Gemüts, und wenn wir bei dem bildlichen Vergleich mit Instrumenten bleiben, so müssen wir für das bayerische Gemüt die Grundstimmung einer ganzen Blaskapelle annehmen, mit Klarinetten, Flöten, Tenorhörnern, Trompeten, Posaunen und – ziemlich wichtig – der Tuba und dem Schlagwerk, der großen Trommel und dem Becken.

Aber auch die Zither mit ihrer Vielzahl von Saiten kann und muß für die bayerische Gemütsvielfalt stehen. Wir sehen schon, daß die Töne, die auf der bayerischen Gefühlsmembrane erzeugt werden und von dort in der Gesellschaft widerhallen, unendlich variieren können.

Einige Grundzüge des bayerischen Nationalcharakters können wir hier auffächern. Fällt auch sonst der gebotene Respekt vor göttlichen Ebenbildern in aller Welt nicht immer leicht, in Bayern werden Sie damit keine Probleme haben. Rein äußerlich ist der bayerische Mensch vollendet schön und weiß um seine Schönheit. Der Reisende wird aus dem Staunen nicht herauskommen ob der Vielfalt bayerischer Menschen, die dem hiesigen Schönheitsideal entsprechen. Bayerische Schönheit bedarf keiner Erklärung und Vermittlung, sondern strahlt aus sich selbst.

Ebenso vielfältig ist der bayerische Charakter und entspricht somit voll und ganz der Verschiedenartigkeit der Körper, in denen er sich geborgen fühlt und auch nach außen hin sichtbar wird. Wir finden eine Unmenge von Facetten bayerischer Charakterfestigkeit.

Ein typisch bayerischer Charakter wird vor allem durch seine Lust zum Granteln bestimmt. Granteln heißt kritisieren, aber nicht in der Absicht zu verändern. Der Bayer grantelt, weil er nicht anders kann. Es handelt sich dabei um einen Urtrieb, um einen nicht um alles in der Welt zu löschenden Schwelbrand. Ein kritisches Glimmen, dem sich sein Gemüt ausgesetzt sieht. Der Grantler fährt kurz auf, läßt eine kurze Stichflamme auflodern, die sogleich zurücksinkt in die glimmende Glut.

Bayern können »stocknarrisch« werden, von einer Minute auf die andere aufbrausen, in die Höhe gehen wie ein Guglhupf, »fuchsteifiswuid« werden wie ein »Schachterlteifi« und ebenso schnell wieder in eine meditative Ruhe versinken, so als wär nix gewesen.

Das Granteln geschieht mit dem Grantler. Selbst wenn er wollte, könnte er sich dieser Geistesregung nicht entziehen. Das Granteln kommt über ihn. Im Zustand des Grantelns wetzt der Bayer seine Kritikfähigkeit, in der Gewißheit, nichts ändern zu können. Eben weil er weiß, daß er nichts ändern kann oder vielleicht sogar gar nichts ändern muß, erleichtert der Bayer im Grant sein Gemüt. Der Grant ist ein kurzer Ärger, der schnell verraucht und vergessen ist. Basis für den Grant ist eine bayerische Gemütsruhe, die aus einem ewigen Friedhof der Gefühle herüberweht, in dem vorsorglich alle Gemütswallungen schon einmal bestattet sind, die aber von einer Sekunde auf die andere ihren Jüngsten Tag erleben können und eine aufrührerische Auferstehung erfahren.

Der Grant ist eine Prise Ärger, der, in kleinen Dosen zu sich genommen, erfrischt und belebt, sich deshalb auch nie zum großen Ärger auswachsen kann. Der große Ärger wäre die Überdosis. Sprachlich handelt es sich beim Granteln um kurze bayerische Kommentare zum allgemeinen Geschehen, wobei der Grantler immer aus der Mitte – der ruhigsten Stelle sozusagen –, aus dem Auge des Orkans agiert.

Als typisch für den bayerischen Menschen müssen wir seine Lust zum Schauspiel und seine Fähigkeit zur Darstellung festhalten. Der Bayer führt sich gern auf.

Die Italiener, sagt man, werden von einer immerwährenden hitzigen Heiterkeit bestimmt, die Russen seien ihrem Wesen nach traurig melancholisch, und für die Deutschen hat man die Schwermut reserviert. Wir seien immer auf der Suche nach dem tieferen Sinn, streng, diszipliniert und humorlos. Freilich handelt es sich dabei um nichts anderes als Klischees, und doch beinhalten sie einen wahren Kern.

Fragen wir also nach dem wahren Kern im bayerischen Gemütsklischee. Zunächst sollten wir festhalten – auch wenn es nicht wenige gibt, die diesbezüglich ihre Zweifel hegen –, daß die Bayern ein deutscher Stamm sind und schon sehr lange zur deutschen Nation gehören. Auch sie geraten hin und wieder in schwermütige Zustände, gründeln nach dem Sinn des Lebens und können häufig nicht lachen, vor allem dann nicht, wenn sie verbeamtet sind oder in höchste

Regierungsämter gewählt werden. Spätestens dann hört sich der Spaß auf! Das Klischee trifft also voll zu.

Und doch haben die Bayern darüber hinaus ein viel breiteres Spektrum an Seelenzuständen zu bieten, als man gemeinhin annimmt. Sie fallen mitunter von einem Extrem ins andere. Diese extremen Gefühlsschwankungen werden mit starken Worten und Sprüchen unterlegt, die bei den Umstehenden Kopfschütteln hervorrufen können. Soweit ist also alles normal.

Und doch wäre da noch eine Auffälligkeit im Verhalten, eine Eigenwilligkeit, die immer wieder für Überraschungen sorgt. Die Bayern verhalten sich in entscheidenden Momenten oft nicht so, wie man es von ihnen erwartet und wie es für alle Beteiligten am angenehmsten wäre. Die Vernunft scheint in solchen Momenten völlig neutralisiert zu sein, und rationale Erwägungen dringen nicht durch.

Grad z'Fleiß verweigern Bayern aus einer spielerischen Laune heraus eine erwünschte Handlung. Leidtragende dieser zwischenmenschlich oft reizenden Spielart sind mitunter Menschen norddeutscher Herkunft.

Sollten Sie beispielsweise mit einem Auto unterwegs sein, dessen Nummernschild eine örtliche Zuweisung nördlich der Mainlinie anzeigt, könnten Sie auf engen Wegen und Straßen in den Genuß obenbeschriebener Eigenart kommen. Gut möglich, daß man Sie nicht vorbeiläßt, weil der Fahrer des entgegenkommenden Fahrzeugs grad z'Fleiß keine Möglichkeit sieht, Sie mit Ihrem Fahrzeug passieren zu lassen. Auch wenn es Sie zur Weißglut bringen sollte, es wird nichts nützen. Man wird Sie mitleidig anschauen und, anstatt selbst freundlicherweise auszuweichen, Sie bedauernd anweisen, den Rückwärtsgang einzulegen, und sich nicht eher von der Stelle bewegen, bis Sie Ihr Auto zurückgesetzt haben. Sie sollten nicht lange überlegen und einfach tun, wie Ihnen geheißen. Andernfalls verlieren Sie nur unnötig Zeit.

Obwohl kein Nachteil aus einem Nachgeben für den Entgegenkommenden entstünde, verharrt der Bayer in starrer Unbeweglichkeit. Aus reinem Spaß an der Freud, einen anderen ärgern zu können, mag er nicht nachgeben. Die tieferen Beweggründe für dieses Verhalten sind noch nicht ganz erforscht. Eine tiefenpsychologische Studie fehlt bisher. Der Urgrund für diese irrationale Verweigerungshaltung dürfte aber in einem stark ausgeprägten kindlichen Trotz gefunden werden, der ins Reaktionsverhalten der erwachsenen Bayern herübergerettet werden konnte. »Wenn ma net mögn, dann mögn ma net.«

Auf bayerischen Ämtern haben Sie reichlich Gelegenheit, als Leidtragende dieser Haltung Ihre eigenen Erfahrungen zu machen. Mit etwas Glück geraten Sie an einen bayerischen Hausmeister, der sich und seine Aufgaben ernst nimmt und seine Charaktereigenschaften offensiv auslebt. Dazu kann ich nur viel Spaß wünschen.

An der Pforte des Bayerischen Rundfunks in München kann man solche Höhepunkte bayerischer Lebensart genießen. Ein freier Mitarbeiter passierte einmal wöchentlich, immer dienstags zur gleichen Zeit, den Einlaß dieses öffentlich-rechtlichen Senders, um für den Hörfunk eine kleine Glosse zu produzieren. Man kannte sich seit über einem Jahr vom Sehen und grüßte sich freundlich. Der freie Mitarbeiter zeigte im Vorbeigehen seinen Hausausweis, und der Herr in der Uniform warf routinemäßig einen flüchtigen Blick darauf und winkte den Passierenden gnädig weiter. Man lächelte sich dabei freundlich zu.

Eines Tages stutzte der Mann am Einlaß und stoppte den Mitarbeiter, der ausgerechnet an diesem Tag spät dran war. Er wurde im Studio bereits erwartet.

»Moment!« brummte der Uniformierte vom Einlaßdienst beflissen und betrachtete den Ausweis genauer.

»Der guit nimmer. Da ist die Frist abglaufa.«

Tatsächlich, die Gültigkeitsdauer des Ausweises war um zwei Tage überschritten. Der Erste des Monats war auf einen Sonntag gefallen, und man schrieb bereits den Dritten.

»Da brauchan S' an neia Ausweis.«

»Ja, stimmt, i bin nur spät dran, de warten scho im Studio auf mi. Des könn ma doch nachher regeln!« bat der eilige Mensch um Verständnis.

»So kann i Sie net neilassen. Der Ausweis is ungültig! Lassen S' Eahna an neia Ausweis rausschreiben.«

»Ich bitte Sie recht schön, Sie kennen mich doch«, versuchte der Mitarbeiter den korrekten Bayern in seiner dunkelblauen Uniform zu erweichen.

»Des duat nix zur Sache. Ohne gültigen Ausweis kann i Sie net durchlassen«, gab er in sachlichem Ton zu verstehen.

Es half alles nichts. Die Sache duldete keinen Aufschub. Die Zeitnot des Mitarbeiters spielte keine Rolle. Es ging nur um die Sache und sonst um nichts. Ein neuer Ausweis mußte geschrieben werden, und zwar direkt am Einlaß von einer sehr freundlichen Mitarbeiterin, die dem fleißigen Vollzugsmenschen gegenübersaß.

Dem Aufgehaltenen stand die Wut ins Gesicht geschrieben. Der Hüter der Sachlichkeit blieb regungslos. Man schwieg sich einen Moment bedrohlich an. Viel hat nicht gefehlt, und es wäre »zum Raffa kemma«, zumindest war auf seiten des freien Mitarbeiters diese Möglichkeit zur Lösung des Falles in Erwägung gezogen worden. Man konnte in seinem Gesicht den Satz »Glei gib i dir oane« förmlich lesen. Dem Pförtner aber stand gleichsam die nonverbale Antwort ins Gesicht geschrieben: »Du kummst ma grod recht.« Nur der flotten Arbeitsweise der netten Mitarbeiterin war es zu verdanken, daß es nicht zum oberarmgesteuerten Austausch von Argumenten kam.

Sie gelten als stur, eigensinnig und unbeweglich, die Bayern, und ihr Verhalten, aufs Ganze gesehen, neige zur Gewaltanwendung. »Ja, is scho recht«, würde ein Bayer jetzt vielleicht sagen. Das kann schon sein, daß wir stur und eigensinnig sind. »Oba es huift ja nix, wenn's net anders geht, muaß ma aa amoi hilanga könna! Und a Packl Fotz'n is schnei aufg'rissn.«

Und wahr ist es auch. Der Ex-Spielmacher des FC Bayern Stefan Effenberg konnte sich in einer Münchner Nobeldisco nicht anders helfen und teilte ein paar Watschn aus, weil sich jemand weigerte, die angeblich für ihn und seine Begleiterin reservierten Plätze freizumachen. Nun werden Sie einwenden, daß der Effenberg gar kein echter Bayer ist, sondern eigentlich Hamburger. Das stimmt schon, nur kann man an diesem Beispiel gut erkennen, daß die Umwelt, in der sich jemand aufhält, in diesem Fall das extrem bayerisch bestimmte Umfeld des FC Bayern, den Charakter eines Menschen nach seinen Sitten und Gebräuchen formt.

Diese allgemeine Theorie gilt im besonderen für Bayern. Bayern färbt auf seine Bewohner ab. Man trägt die Lederhosen nicht nur äußerlich auf dem Körper, in Bayern steckt auch die Seele tief in der auf Kniehöhe abgebundenen hirschledernen Hose.

Sie müssen jetzt aber nicht befürchten, während Ihres Aufenthalts in Bayern alle daumenlang in eine zünftige Rauferei zu geraten. Es herrscht Frieden im Land. Die muskelbestimmte Form der nonverbalen Kommunikation pflegt man in Bayern nur noch gelegentlich auf ländlichen Volksfesten. Wenn man auch der Vollständigkeit halber sagen muß, daß diese Raufereien nicht nur ein beliebtes Verfahren der Konfliktlösung sind, sondern eine ebenso bemerkenswerte Funktion der Unterhaltung erfüllen. Wer dieses Verhalten als roh und primitiv einstuft, erkennt nicht die kulturelle Dimension dieser ethnisch-bayerischen Besonderheit. Es ist eine allgemein anerkannte Tatsache, daß in Bayern über Jahrhunderte das *Ausraufen* ein erfolgreiches Ritual des Interessenausgleichs rivalisierender Parteien darstellte. Vereinzelt kann man heute noch sprachliche Reste dieses Verfahrens in der Alltagssprache in Bayern wahrnehmen. Weniger in Oberbayern, eher in Niederbayern, wo man immer schon etwas bayerischer war als in anderen Gegenden Bayerns, kann man bis zum heutigen Tag den Beginn einer muskulären Auseinandersetzung an den Worten »Geh ma aussi« erkennen. In diesem Fall empfiehlt es sich, drinnen zu bleiben oder hinauszugehen und so schnell wie möglich das Weite zu suchen. Grundsätzlich gilt im Konfliktfall: Solange der Bayer noch spricht, ist die Gefahr ziemlich gering. Bedrohlich wird die Lage, wenn die Worte ausbleiben. Plötzlich eintretende Sprachlosigkeit sollten Sie in Bayern immer als Zeichen einer ernsten Bedrohung für Leib und Leben deuten.

Daß dabei den Bayern früher als anderen Völkern die Worte ausgehen, ist eine boshafte Unterstellung. Die hohe Sprachfertigkeit der Bayern steht außer Frage. Nein, man muß vielmehr davon ausgehen, daß Bayern früher wissen, wann jedes Wort zuviel ist, und deshalb auf andere Kommunikationsebenen ausweichen.

Schon früh belegen geschichtliche Quellen die bayerische Konfrontationsfreude und schaffen so die Grundlage für den Ruf der rauflustigen Bayern.

Im 6. Jahrhundert n. Chr. sollen sie einen Priester, einen gewissen Venantius Fortunatus, der, von Ravenna kommend, zum Grab des heiligen Martin in Tours unterwegs war, ein bißchen »auflaufen lassen« haben. Denn Fortunatus warnt in seinem Reisebericht zukünftige Reisende: »Wandere hin über die Alpen, wenn dir der Bayer nicht den Weg versperrt.« ... Möglicherweise hat er eine *g'fangt,* wie man in Bayern heute noch sagt, wenn jemand eine *Watschn* verabreicht bekommt, der Venantius Fortunatus, und Glück wird er auch keines gehabt haben, auch wenn er sich der Glückliche nannte. Vermutlich war er ganz einfach nicht schnell genug. Wir wissen nicht, was damals wirklich vorgefallen ist. Nur soviel ist klar: es muß ein Konflikt vorgelegen haben, den die Bayern auf ihre Art bereinigten.

Im Sommer 1992 verwies der amtierende Landesvater Max Streibl anläßlich einer Pressekonferenz am Rande des Weltwirtschaftsgipfels auf die bayerische Art der Problemlösung. Man sei es gewohnt, in Bayern kräftig hinzulangen, verkündete er den Journalisten. Demonstranten hatten versucht, den Gipfel mit Trillerpfeifen zu stören. So etwas gehört sich selbstverständlich nicht. Deshalb wurden die Gegner einer globalisierenden Wirtschaft in dem sogenannten »Münchner Kessel« kurzerhand an der freien Bewegung gehindert. Bayerische Polizeibeamte stellten bei dieser Aktion wieder einmal ihr Fingerspitzengefühl unter Beweis, und viele Beobachter der Szene wunderten sich hinterher, wie die Eingekesselten zu ihren Prellungen und Verletzungen kamen. Demonstranten sind halt oft ungeschickt und leisten gerne Widerstand gegen die Staatsgewalt. Also, lassen Sie das!

Innere Sicherheit

In Bayern können Sie sich sicher fühlen. Für die innere Sicherheit ist der Innenminister zuständig. Der bayerische Innenminister kümmert sich nicht nur um eine geregelte Zuwanderung, sondern vor allem auch um eine geregelte Ausweisung und Abschiebung von Asylsuchenden. Die menschliche Komponente steht dabei immer im Vordergrund. Es gibt kaum ein Land, das in Fragen der Menschlichkeit mehr Verständnis walten läßt als Bayern. Der bayerische Innenminister zählt zu den härtesten Verteidigern des Rechtsstaates.

Unruhen sind nicht zu erwarten, ein Umsturz oder gar eine Revolution ist in Bayern eher unwahrscheinlich.

Bayern gehört zu den sichersten Staaten dieser Erde, eben weil die bayerische Polizei konsequent die Kriminalität bekämpft. Die Beamten gehen dabei mutig und mit zum Teil ungewöhnlichen Methoden vor, aber der Erfolg gibt ihnen recht.

Es soll schon vorgekommen sein, daß Polizeibeamte bei Autofahrern eine Alkoholkontrolle durchgeführt haben. Nachdem der Fahrer in den Alkometer geblasen hatte und sich herausstellte, daß er nichts getrunken hatte, fragte der Beamte enttäuscht nach: »Haben Sie was getrunken?«

»Nein.«

»Nichts? – Wenn Sie was getrunken haben, ist der Schein weg.«

Das Gerät zeigt null Promille an. Vielleicht ist es defekt? Worauf der überprüfte Fahrer dem Beamten vorschlug: »Blasen Sie doch mal selber rein.«

Der Beamte schaute kritisch: »Dann ist der Schein aber gleich weg.«

Selbstverständlich sind nicht alle Beamten so humorvoll. Vermeiden Sie daher zu Ihrer eigenen Sicherheit sprachliche Spielereien. Eine gewisse Zurückhaltung möchte ich Ihnen im Umgang mit Bayerns Polizei unbedingt ans Herz legen.

Sie können davon ausgehen, daß sich immer ein Polizist in Ihrer Nähe befindet, um die Sicherheit der Bevölkerung zu garantieren. Polizeistreifen fahren ständig durch die Wohnviertel der Städte, um mögliche Straftäter abzuschrecken. Nur so ist die hohe Aufklärungsquote von beinahe siebzig Prozent aller Straftaten und eine sehr niedrige Kriminalitätsrate zu erklären. Das ist einsame Spitze. Mit diesen Zahlen kann kein anderes Bundesland mithalten. Die Gauner haben nichts zu lachen in Bayern.

Merkwürdig finden es in diesem Zusammenhang manche, daß die Wirtschaftskriminalität in Bayern enorm zugenommen hat. Betrügereien im Kredit- und Versicherungswesen sind halt auch schwer per Video zu überwachen. Man muß dabei bedenken, daß in keinem Bundesland mehr Selbständige die unternehmerische Initiative ergreifen als in Bayern. Es ist nur logisch, daß damit auch mehr schwarze Schafe nach Bayern kommen. Manchmal sind sie auch schon da und fallen einfach nicht auf.

Aus Pfaffenhofen kam ein smarter Moneymaker nach München, um die EM.TV AG zu gründen. Der Aufstieg dieses Fernseh- und Filmrechtehändlers war beeindruckend. Die Anleger glaubten ihm jedes Wort, bis Zahlen auf den Tisch gelegt werden mußten. Und siehe da, es war ein großes Staunen bei allen Beteiligten. Dabei stellte sich heraus, daß man ein bißchen falsch gerechnet hatte. Leider seien Fehlkalkulationen entstanden. Das schöne Geld der Anleger war futsch. Es sah schon ein wenig nach Betrug aus. Es gab auch ein Verfahren, aber die innere Sicherheit war zu keinem Zeitpunkt gefährdet. In Bayern gibt es keine Chaostage, keine Kreuzberger Krawalle und auch keine Unruhen am 1. Mai. Im Mai gehen nach wie vor viele Bayern lieber in die Maiandacht als auf die Straße zur Demo.

Bayern ist nicht nur ein Freistaat, sondern auch und vor allem ein Rechtsstaat. Die Freiheit findet in Bayern ihre Grenzen nicht erst an den Landesgrenzen, sondern grenzt meist direkt an die Freiheit des Andersdenkenden an. Die Freiheit des Andersdenkenden wird im Zweifelsfall eingeschränkt, vor allem, wenn sie die Freiheit des bayerisch Denkenden stört. Die Gefahr, daß derjenige eine aufs Maul kriegt, ist durchaus gegeben.

Um Mißverständnisse zu vermeiden: Sie können alles sagen in Bayern. Sie können eine Meinung haben, Sie müssen nur aufpassen, daß Sie nicht jeder versteht, denn nicht jeder versteht, was Sie sagen. Ich hoffe, wir haben uns verstanden.

Bayerische Todesarten

In München, auf den Wegen an der Isar, joggen täglich Hunderte von fanatischen Läufern in den Auen, um sich fit zu halten. Manche keuchen mit hochrotem Kopf daher, und man drückt ihnen spontan die Daumen, sie mögen es noch bis nach Hause schaffen. Ein Rentner mit Hackelstecken blieb neulich verwundert stehen, zog an seinem Zigarillo und rief: »Ja sagt's amoi, woits ihr iberhaupts net sterben?«

Manche halten sich zwar für unsterblich, aber auch in Bayern gelingt es nur wenigen, das ewige Leben auf Erden zu erlangen. Von Bayern aus hingegen ins Paradies zu kommen scheint nicht unmöglich. Gläubige Christen wissen zwar, daß der Herrgott neben den himmlischen Gefilden auch noch andere, stark überhitzte Räume bereithält, doch Bayern gehen davon aus, in den Himmel zu kommen.

Die Geschichte vom Dienstmann Aloisius Hingerl aber zeigt, daß nicht jeder Bayer in der himmlischen Ewigkeit seine Freude hat. Zuviel muß er entbehren, der Engel Aloisius. Statt seines geliebten Bieres soll er mit Manna vorliebnehmen, Schnupftabak wird auch keiner angeboten, und das dauernde Frohlocken kommt ihm ganz und gar nicht paradiesisch vor. Im Gegenteil, der Himmel schneidet im Vergleich mit seinem irdischen Bayern schlecht ab. Zumindest in der Geschichte von Ludwig Thoma »Ein Münchner im Himmel« ist das so.

Womit wir wiederum bei jener bayerischen Grundgestimmtheit angelangt wären, die wir an anderer Stelle schon einmal dargestellt haben. Bayern selbst ist unvergänglich und hat Ewigkeitscharakter. Wenn die Ewigkeit schon begonnen hat und ohnehin in Bayern fortdauert, wird logischerweise der Tod als überflüssig empfunden wie ein Kropf. Irgendwie paßt er nicht ins Bild. Man empfindet ihn als störend und ist deshalb immer wieder überrascht, wenn er auf einmal in der Tür steht, obwohl ihn niemand gerufen hat.

In Bayern heißt der Tod Boandlkramer! Er ist kein Unmensch, ein Mensch ist er aber auch nicht. Trotzdem kann man mit ihm reden, wenn man noch reden kann. Er ist der schwarze Spezl, der die Bayern heimholt.

Der Wunsch, ewig in Bayern auf der Welt zu sein, ist verständlich, und so ist der Tod auch in Bayern eine traurige Angelegenheit.

Es gibt allerdings verschiedene Todesarten, die,

regional unterschiedlich, gehäuft auftreten. Auf dem Land hört man immer wieder davon, daß sich einer »darennt« hat. Das bedeutet, daß der Betreffende nach einem nächtlichen Diskothekenbesuch entweder mit dem Auto an einen Baum gefahren oder während eines Überholvorgangs in ein entgegenkommendes Fahrzeug hineingefahren ist. Das Darennen ist in ländlichen Gegenden eine sehr beliebte Todesursache.

Auf dem bayerischen Land kommt es leider auch immer noch zu Alkoholfahrten, die den Fahrzeuglenker in seiner Fahrtüchtigkeit beeinflussen. In den seltensten Fällen wurde die Trunkenheit mit Bier herbeigeführt. In Bayern trinkt der Mensch auch immer mehr Wein, Longdrinks wie Caipirinha und Mojito.

Vorsicht ist also angebracht, wenn Sie nachts mit dem Auto auf Bayerns Bundes- und Landstraßen unterwegs sind. Im Regierungsbezirk Niederbayern sollten Sie sofort die Straße verlassen, wenn sich Ihnen ein Auto mit dem Nummernschild FRG nähert. Unabhängig davon, ob der Fahrer betrunken oder nüchtern ist, ist höchste Achtsamkeit gefordert. Der erfahrene Verkehrsteilnehmer weiß, was sich hinter diesem Kennzeichen verbirgt: »Freie Renn-Gemeinschaft«. Fahrzeuge mit dieser Buchstabenkombination stammen aus dem Landkreis Freyung-Grafenau. In dieser Region, so sagt man, sind die sportlichsten Fahrer Bayerns daheim. Die hohen Unfallzahlen sollten Ihnen eine Warnung sein.

Auch »doud gsuffa« haben sich schon viele in Bayern. Beim Säufertod handelt es sich vermutlich um die gemütlichste Todesart. Kein Mensch in Bayern kommt auf die Idee, deshalb das Bier zu verteufeln. Bier zählt zu den Grundnahrungsmitteln. Nur weil es einige gibt, die nicht wissen, wieviel sie vertragen, ist das noch lange kein Grund, die Massensauferei auf Volksfesten als Drogenmißbrauch anzuprangern. Deshalb werden auch die Alkoholtoten eines Jahres nicht gesondert gezählt. Man käme mit dem Zählen nicht nach. Eine Bevorzugung erfahren demgegenüber die Drogentoten, womit vor allem die heroinabhängigen Fixer gemeint sind. Jeder einzelne von ihnen wird in den Lokalteilen der Zeitungen aufgeführt, wenn er das Zeitliche segnet.

In den letzten Jahren ergab sich nicht nur in Bayern eine bisher relativ unbekannte Möglichkeit, aus dem Leben zu scheiden. Der Rinderwahn, der bekanntlich aus England auf das Festland importiert wurde, erreichte Bayern. Damit ergab sich auch in Bayern die Möglichkeit, über den Verzehr von Rindfleisch sterbenskrank zu werden. Bayern galt immer als sicher und BSE-frei, doch das bayerische Gesundheitsministerium unterließ nichts, um dem Virus auch in Bayern eine Chance zu geben. Verläßliche Zahlen über den Gourmetsuizid fehlen bisher leider. Und ob sich diese relativ neue Variante gegenüber den althergebrachten Arten durchsetzt, wagen wir zu bezweifeln.

Der Freitod hat in Bayern durchaus Tradition. Wir glauben zwar nicht, daß der Selbstmord eine typisch bayerische Eigenheit ist, um einer Verzweiflung Ausdruck zu verleihen, aber in Bayern geschieht dies im klassischen Sinne nur durch Erhängen. Zu diesem Zweck geht der Bayer »ins Hoiz ausse« und hängt sich an einem ihm passend erscheinenden Baum auf. Wenn er nicht »ins Hoiz ausse« geht, sucht der Selbstmörder das Hoiz unterm Dach des Hauses, in dem er wohnt, um im Dachboden einen geeigneten Balken dafür zu gebrauchen.

In meiner Kindheit drang öfter die Kunde an mein Ohr, daß sich »wieder einer aufgehängt hat«, weil ihn die Schulden erdrückten. Meine Großmutter, das älteste von zwölf Kindern auf einem niederbayerischen Bauernhof, wußte auch, nachdem sie längst zur Städterin geworden war, über die ländlichen Verzweiflungstaten Bescheid. »Der is ins Hoiz ausse und hot se aufg'hängt!« Nie war auch nur einer darunter, der sich auf andere Weise vom Leben zum Tod gebracht hatte als durch einen Strick.

Die Nähe zum Holz scheint in Bayern im Blut zu liegen. Wir haben an anderer Stelle schon darauf hingewiesen. Historisch betrachtet ist das gut nachzuvollziehen. Das Land war vor der Besiedelung dicht bewaldet und mußte mühsam gerodet werden. Dieses harte Ringen mit der Natur ließ Prägungen im bayerischen Erbgut zurück, die sich in existentiellen Extremsituationen bemerkbar machen. Der Bayer kommt aus dem Wald und geht in den Wald zurück.

Von daher scheint die Selbstmordthese Ludwigs II. sehr unwahrscheinlich. Der König soll im Starnberger See ertrunken sein. Der Mordtheorien gibt es viele. Doch solange das Haus Wittelsbach weder die Akten noch die sterblichen Überreste des Königs zu wissenschaftlichen Forschungen freigibt, bleiben alle Theorien Spekulation.

Die Selbstmordvariante wird in Bayern bezweifelt. Man neigt eher dazu, einen Mord anzunehmen. Wenn der König selbst aus dem Leben scheiden wollte, so wäre er ja ins Holz gegangen, und seine Getreuen hätten ihn, wie es guter bayerischer Brauch ist, an einem Baum hängend gefunden.

Die bayerischen Könige ruhen in der Königsgruft der Wittelsbacher in der Münchner Michaelskirche, die als einzigartiges Renaissancebauwerk nördlich der Alpen zu bewundern ist.

Die meisten anderen Bayern finden ihre letzte Ruhe auf einem Friedhof. Nach einer ordentlichen Beerdigung. Das war nicht immer so. Freiwillig aus dem Leben Geschiedene wurden noch bis vor ein paar Jahren außerhalb des Friedhofs begraben. Von dieser Praxis ist man abgekommen. Die christliche Glaubensgemeinschaft schließt die Verzweifelten nicht mehr aus der Gemeinschaft der Verstorbenen aus. Eine tolerante Grundhaltung wird inzwischen auch in breiteren Kreisen Bayerns angenommen.

Erd- und Feuerbestattungen sind möglich. Die Institute bieten sogar Seebestattungen an. Nicht jedoch in bayerischen Seen. Dazu muß auch der Bayer an die Nordsee.

Die Beisetzungsfeierlichkeiten unterscheiden sich im allgemeinen nicht wesentlich von den Zeremonien in anderen überwiegend katholisch bestimmten Regionen.

Die Zeiten sind vorbei, als trauernde Freunde dem Verblichenen noch während der Begräbnisfeierlichkeiten ins offene Grab nachpurzelten. So geschehen auf dem Waldfriedhof in München, als Heinrich Lautensack seinem Freund und Kollegen Frank Wedekind, von Trauer überwältigt, bis in die Grube folgte. Solche Vorkommnisse außer der Reihe sind seit Jahren nicht mehr bekannt geworden und waren wohl immer schon eher die Ausnahme. Trauer ist in Bayern eine sehr ruhige Stimmung, die in den meisten Fällen in gefaßter Haltung ertragen wird.

Auf dem Land prüft die trauernde Gemeinde durch Böllerschüsse und Gewehrsalven des Schützenvereins, ob der Tote wirklich für immer entschlafen und nicht nur vorübergehend eingeschlafen ist. Mitunter intoniert auch eine Blaskapelle den »alten Kameraden« dermaßen schräg, daß der Verstorbene, falls er noch am Leben wäre, sofort vor Schmerzen aufschreien müßte oder aber, was auch nicht auszuschließen ist, nach den gehörten Klängen sich freiwillig zum sofortigen Ableben entschließen würde.

Spätestens aber nach den vergleichenden Kommentaren zur Größe der abgelegten Blumengebinde durch die trauernde Verwandtschaft ist klar, warum der Verstorbene nicht länger lebte beziehungsweise so alt werden mußte, bis ihn der Herr erlöste.

Nach der Beerdigung geht's in Bayern ins Wirtshaus zur »Doodnsuppm«, dem fröhlichen Teil der Gemütlichkeitsveranstaltung, wo man nicht nur darüber spricht, daß das Leben weitergeht, sondern auch alles dafür tut, daß dem so ist.

Mit einem »Schwoamman eini« heben die Hinterbliebenen die Gläser und nehmen einen kräftigen Zug daraus. Lustig geht's her auf der Nachfeier, je länger sie dauert. Der Tod schaut in Bayern nur kurz vorbei. Er macht einen Abstecher nach Bayern. Daheim ist er, wie jedermann weiß, in Wien. Dort wird leidenschaftlicher und ehrgeiziger das schwarze Finale gefeiert. Morbides Schwelgen liegt den Bayern fern. Was nicht heißen soll, daß es nicht auch in Bayern hie und da »a große Leich« geben kann. Manche schwärmen heute noch vom Trauermarsch anläßlich des Todes von Franz Josef Strauß. Der Katafalk wurde von sechs Rössern durch die Münchner Ludwigstraße zum Siegestor gezogen. Tausende von Trauernden säumten den letzten Weg des großen Vorsitzenden, bis er endlich durch das Siegestor verschwand. Manche befürchteten, die Trauer der CSU um ihren Vorsitzenden würde niemals enden.

Nach bedeutenden bayerischen Persönlichkeiten werden Plätze und Straßen benannt. An sehr bedeutende Bayern wird mit Brücken und Flughäfen erinnert. So gibt es also im ganzen Land Franz-Josef-Strauß-Brücken und einen Flughafen, nämlich den in München / Erding, der den Namen Franz-Josef-Strauß-Airport trägt.

Normalsterbliche müssen mit Geringerem zufrieden sein. Ihre Namen finden sich nicht in der bayerischen Infrastruktur wieder, sondern auf den Kriegerdenkmälern in Dörfern und Gemeinden. Die Krieger- und Soldatenvereine erfreuen sich auch heute noch großer Beliebtheit. Neben dem gemütlichen Beisammensein haben die ehemaligen Kämpfer die Pflege und Bewahrung des Andenkens der bayerischen Helden von Sedan und Verdun zu ihrer Aufgabe gemacht. Neben dem »Siebzger-Kriag« und den beiden Weltkriegen spukt hie und da auch noch die Mordweihnacht von Sendling durch die Gemüter, als 1705 bayerische Bauern des Ober- und Unterlandes von den Österreichern blutig hingemetzelt wurden. Meist braucht es dazu aber schon ein paar Maß Bier mehr, um die Sprache darauf zu bringen. Dennoch, der bayerische Heldentod ist immer ein ergiebiges Thema, und wenn die Richtigen beieinanderhocken, ist der Abend gerettet.

Bayerische Flüssigkeiten

Bier her, Bier her, oder i fall um! Heißt es im Liede. Oft fällt der Sänger des Liedes bereits vorher um, und zwar weil er zuviel des geforderten Gerstensaftes intus hat. Ob es ihm dann allerdings schon reicht, ist zweifelhaft. Denn in einem anderen Lied wünscht sich der singende Liebhaber des Hopfengetränks einen *Biersee so groß wie den Schliersee*, der zwar nicht gerade zu den größeren bayerischen Seen zählt, aber die Vorstellung, ihn mit Bier gefüllt vor sich zu haben, geht schon ins Märchenhafte.

Der Bayer scheint vom Bier nie genug zu haben. Ob ein Bayer vom bayerischen Bier überhaupt zuviel kriegen kann, ist eine wichtige Frage, die unter Bayern immer eine ausschlaggebende Rolle spielt, weil die Menge getrunkenen Bieres Rückschlüsse auf die Stärke des Trinkers zuläßt. »Wiavui vertrogst denn iberhaupts?« fragen nicht nur professionelle Gerstenfreunde, sondern auch gelegentliche Biertrinker einander. »Zwoa, drei Maß pack i scho«, antwortet der andere mit hochgezogenen Augenbrauen. Damit ist klar, daß man einen vor sich hat, mit dem man rechnen muß. Das heißt, einer wie der wird nicht gleich gehen, der bleibt hocken. Hockenbleiben können ist eine hochgeschätzte Fähigkeit in Bayern. Vor allem in der Politik. Bei Parteiversammlungen der CSU kommt oft derjenige auf die Liste, der am längsten hockenbleiben kann, und das sind häufig jene, die am meisten vertragen können. Nicht nur Bier, sondern alles, was man vertragen können muß, wenn man in der maßgeblichen bayerischen Partei etwas werden will.

Bayerisches Bier ist gut verträglich, und manche schaffen an einem Tag »ihre zwanzg Hoibe«, die exakt in einem Biertragl Platz finden. Solche Mengen trinken zu können setzt selbstverständlich jahrelanges intensives Training voraus. Es gibt Biertrinker, die eine Halbe in einem Zug leeren können. Dieses Können wird mit dem Ausdruck *Preßhoibe* treffend gekennzeichnet. Dabei schütten sich die Könner das Bier in den weit geöffneten Hals. Jeder Ungeübte würde scheitern und müßte das Glas absetzen. Diesen *Preßhoibe*-Trinkern gelingt es, den natürlichen Zwang zum Schlucken weitgehend außer Kraft zu setzen, so daß das Bier wie durch einen weit geöffneten Trichter in den Rachen hinabstürzen kann – wie ein imposanter Wasserfall. Klar, daß solche Trinkertechnik Bewunderung hervorruft.

Wer seinem Körper literweise Bier zuführt, muß die

inkorporierten Flüssigkeitsmengen irgendwann wieder loswerden. Bier regt die Nierentätigkeit an und wirkt stark harntreibend. Um sich zu erleichtern, geht man in Bayern zum *Bieseln aussi*. Die Herren suchen dazu ein Pissoir auf oder – was auch guter bayerischer Sitte entspricht – gehen ins Freie, um dort zu tun, was sich dort nicht gehört. Letztere Möglichkeit wird als *wildes Bieseln* mit einem Ordnungsgeld bestraft, aber nur, wenn man sich dabei erwischen läßt.

Während der Wiesn erfreut sich dieses *wilde Bieseln* aber nach wie vor großer Beliebtheit. Um eine Übersäuerung der Grünanlagen im Bereich der Theresienwiese zu unterbinden, denkt die Stadt München jedes Jahr aufs neue über das Problem nach. Bisher stieß der Vorschlag eines Naturfreundes, Bieselhostessen für die Damen und Bieselsheriffs für die Herren einzusetzen, auf wenig Gegenliebe. Aber es herrscht parteiübergreifende Übereinstimmung, daß etwas geschehen müsse, um den allgemeinen Harndrang während der Oktoberfestzeit in geordnete Bahnen zu leiten.

Es soll Männer aus Politik und Gesellschaft geben, die den Gang auf das Pissoir grundsätzlich gemeinsam zurücklegen, um die Intimität des Vorgangs als Möglichkeit für vertrauliche Gespräche zu nutzen. Dieses Phänomen wurde unter dem Begriff Bieselpartnerschaft in die öffentliche Debatte eingeführt, weil die Bieselpartner während der Harnverrichtung Absprachen treffen, die als mündliche Verträge bindende Wirkung entfalten.

Es sieht so aus, daß bei Männern die Atmosphäre eines Pissoirs, das gemeinsame Stehen an einer Fliesenwand mit Urinalen während der Blasenentleerung vertragsfördernd wirkt. So erzählte man sich anläßlich einer Affäre, in der es um Millionenverluste einer landeseigenen Wohnungsbaugesellschaft ging, daß der amtierende Ministerpräsident und der dafür verantwortliche Justizminister eine ehemals gut funktionierende Bieselpartnerschaft unterhalten hätten. Bestätigt werden konnten diese Meldungen nicht. Es blieb ein Gerücht. Wie auch immer, der Justizminister mußte zurücktreten. Vielleicht sind die beiden doch einmal zu wenig zum Bieseln hinausgegangen, oder sie hatten ganz einfach zu wenig des vertragsfördernden Gerstensaftes getrunken. Das ist eher anzunehmen, denn beider Körper mangelt es an dem klassischen Erkennungszeichen bayerischer Trinkfreude, dem Bierbauch.

Wir erkennen den leidenschaftlichen Bierfreund an seiner Wampm, die in Fachkreisen auch liebevoll Brauereimuskel genannt wird. Stolz bewegt sich die Rundung im fortgeschrittenen Stadium auf zwei dünnen Steckerlhaxn, die den Eigentümer zielsicher in der Stammwirtschaft anliefern, wo ihn eine frisch gezapfte Halbe erwartet. Meist ist die Halbe sogar schon vor ihm da. Es gibt Wirte, die von vier bis fünf guten Stammgästen ihren Lebensunterhalt bestreiten können.

Man trinkt in der Regel eine Halbe, bei der es aber nicht bleibt, weil der Gast mehrmals *oa Hoibe* bestellt, oft mit der Begründung: »Oane geht oiwei no«, womit wir einen weiteren Beleg für den unendlichen Durst des bayerischen Biertrinkers anführen können. Die letzte Hoibe ist immer die vorletzte.

Auf dem Land kommt auch meistens ein halber Liter Bier beim Gast an, wenn er eine Hoibe bestellt. In den Städten ist das anders. Dort enthält das Glas oft nur 0,4, mitunter auch nur noch 0,3 des süffigen Getränks, weshalb diese Einheiten *Preißnhoibe* genannt werden. Der Preis dafür bewegt sich aber entgegen aller Logik in Höhe einer ganzen Halben.

Nicht überall steht ein Hofbräuhaus, aber überall in Bayern wird Bier nach dem bayerischen Reinheitsgebot gebraut. Auch die großen, überregional operierenden Brauereien wie Augustiner, Paulaner, Spaten und Löwenbräu halten sich strikt an dieses Reinheitsgebot von 1516. Die Biere dieser Bierindustriebetriebe sind zwar rein, aber stoßen beim traditionsbewußten Bayern nicht immer auf Gegenliebe. Über Geschmack läßt sich streiten.

Doch gerade kleinere Brauereien auf dem Lande bieten geschmacklich ausgezeichnete Biere an. Leider werden die kleineren Betriebe immer häufiger von den großen Brauereien geschluckt und dürfen allenfalls noch den alten Namen führen.

Der Bayer trinkt in der Regel nur seine Biersorte und lehnt jede Alternative dazu ab. Bier ist in Bayern nicht nur ein Getränk, sondern Grundnahrungsmittel und Ausdruck einer Lebenshaltung. Über das Bier identifiziert sich der Bayer mit seiner Region. Es soll Niederbayern geben, die zur Arbeit nach München fahren und sich für die Woche einen Kasten heimisches Bier in die Landeshauptstadt mitbringen, um über die Flasche die Verbindung zur Heimat während der Arbeitswoche über aufrechtzuerhalten.

Die Behauptung, auch Kleinkinder würden in Bayern statt mit Milch mit Bier genährt, stimmt nicht. Richtig ist, daß dem Nachwuchs der Zugang zum Nationalgetränk in kleinen Mengen schon im Säuglingsalter eröffnet wird. Wenn der *Saufratz* nur schreit und überhaupt keine Ruhe geben will, flößt man ihm zur Beruhigung ein paar Schluck Bier ein, sozusagen in sedativer Absicht. Die Kleinen schlummern danach tief und fest. Die schlafeinleitende Wirkung des Bieres ist in Bayern bekannt.

Bekannt sind auch selten auftretende Nebenwirkungen. Nach dem übermäßigen Genuß bayerischer Biere können bei den Probanden in seltenen Fällen aggressive Verhaltensweisen beobachtet werden. Vor allem während des Münchner Oktoberfestes kommt es zu Kopfverletzungen, die durch eine gewaltsame Einwirkung durch Maßkrüge auf die Schädeldecke hervorgerufen werden. In der Notaufnahme der Chirurgischen Poliklinik der Münchner Innenstadt freuen sich jedes Jahr zur Wiesn die angehenden Chirurgen auf die Kopfverletzten, weil durch den hohen Alkoholgehalt im Blut der Patienten ein Nähen der Wunden ohne Narkose möglich ist.

Nach einer im Auftrag der bayerischen Brauwirtschaft erstellten Studie kann ein Zusammenhang zwischen aggressivem Verhalten und dem Genuß von Bier aber als unwahrscheinlich angesehen werden.

Sorgen bereitet den Brauereien der zunehmende Rückgang des Bierkonsums in Bayern. Mit 160 Litern pro Person im Jahr tranken die Bayern mehr als andere Deutsche. Diese Spitzenposition ist nun gefährdet.

Man kann sich kaum erklären, wie es zu diesem Rückgang kommen konnte. Sollte den Bayern das Bier nicht mehr schmecken? Undenkbar. Nein, am Geschmack kann es nicht liegen. Zu süffig sind die Gerstensäfte.

Ein Grund könnte sein, daß Autofahrer nur noch 0,5 Promille im Blut haben dürfen, wenn sie am Straßenverkehr teilnehmen wollen. Bayerische Verkehrspolitiker der Christlich-Sozialen Union haben sich zwar vehement gegen diese neuen gesetzlichen Regelungen gestemmt, wurden aber leider durch Abstinenzler niedergestimmt. Obwohl sie die gesundheitsfördernde Wirkung des Alkohols herausgearbeitet hatten und persönliche Beispiele ins Feld führten, stellten sich die Alkoholgegner quer. Die Folge sind Einbußen im gesamten Biergewerbe.

Die Bierbrauer reagierten zunächst aufgebracht und stellten sich dann aber auf die neue Situation ein. Sie bieten nun leichtere Biersorten an. Und mit dem leichten Weizenbier konnten schon verloren geglaubte Marktanteile zurückerobert werden.

Doch dem traditionellen Biermarkt droht noch von anderer Seite Gefahr. Immer mehr junge Bayern wenden sich vom Hopfen ab, um sich als Weintrinker zu gerieren. Das ist schon schlimm genug. Noch trauriger stimmt, daß sie nicht den bayerischen Wein, der in den fränkischen Gebieten wächst, bevorzugen, sondern am liebsten ausländische Sorten verkosten. Chardonnay und Sauvignon blanc werden statt dessen getrunken. Die internationale Weinmafia züchtet auch in Bayern immer mehr Weinkenner heran. Konnte man vor einiger Zeit gerade mal den Roten vom Weißen unterscheiden, so bestimmen heute immer mehr Sommeliers, was getrunken werden muß. Es gibt sie aber noch, die guten bayerischen Wirtshäuser, auf deren Karten der Gast wählen kann zwischen einem Weißen und einem Roten, was Sie dann immer als dezenten Hinweis verstehen sollten, ein Bier zu bestellen.

Humor – Da hört sich doch alles auf!

Der berühmte bayerische Komponist Max Reger saß in einem Konzert neben einer Dame. Nach einem längeren Fagottsolo fragte die Dame den Komponisten: »Erzeugt der Musiker alle diese Töne mit dem Mund?«

»Hoffen wir's, gnädige Frau«, antwortete dieser.

Schad, daß man sich diese Anekdote nicht vom Karl Valentin erzählt, aber eine ähnliche Schlagfertigkeit wäre ihm auch zuzutrauen. Vielleicht stammt sie ja ursprünglich vom Valentin, und der Volksmund hat sie mit der Zeit dem Reger zugeschrieben. Denkbar ist das schon, denn die Münchner haben ihren großen Volkssänger vor allem in seinen letzten Lebensjahren nicht gerade hochleben lassen.

Geboren wurde er in München, gestorben ist er auch in München, ein Brunnen auf dem Viktualienmarkt in München erinnert an ihn. Ein Valentinmusäum gibt es auch in der Landeshauptstadt, nur sein Nachlaß befindet sich nicht in München, nicht einmal in Bayern, der lagert in Köln. Na ja, die Münchner Stadtväter werden halt keinen Platz gehabt haben für das alte Graffl. Die Stadt München hat den Nachlaß abgelehnt. 7000 Mark wollten die Erben dafür haben, doch den Stadtvätern war das zuviel. Komisch ist das schon, wenn einer der berühmtesten Volkssänger Bayerns in seiner Heimatstadt abgelehnt wird.

Ob wir damit schon eine Spur zum typisch bayerischen Humor aufgenommen haben? Zeichnet er sich womöglich durch ein starkes Moment der Ablehnung aus? Zeigt sich bayerischer Humor vor allem in Situationen der Zurückweisung? Wir wissen es nicht. In jedem Fall müssen wir Bayern mit Humor ertragen, daß die Kölner die Rechte an Valentins Nachlaß besitzen.

Was den Kölner Humor betrifft, so müssen wir leider feststellen, daß bayerische Rettungsversuche, soweit es sie denn je gegeben haben sollte, ganz und gar vergeblich waren. Das soll nun wieder nicht heißen, daß wir Bayern uns besonders komisch vorkommen. Aber manchmal sind wir es einfach, wenn wir beispielsweise durch unseren Ministerpräsidenten den Österreichern Koalitionsratschläge erteilen, dahingehend, die ÖVP möge doch bittschön mit der FPÖ Jörg Haiders koalieren. Das hat zwar nicht die Komik eines Karl Valentin, aber zum Lachen ist es schon.

Von Karl Valentin erzählt man sich, daß er in den dreißiger Jahren in seiner Stammwirtschaft nach dem

Zahlen seiner Zeche aufgestanden sei, um sich zu verabschieden. Alle Anwesenden erwarteten den Hitler-Gruß. Valentin hob die Rechte zum Gruß und rief: »Heil...«, hielt inne und überlegte. Schließlich setzte er wieder zu einem erneuten »Heil...« an und verfiel wieder ins Grübeln. Er versuchte es ein drittes Mal und stockte wieder nach dem »Heil«. Von sich enttäuscht, bekannte er dann: »Ich kann mir den Namen einfach nicht merken!«

Die wichtigsten Komponenten des bayerischen Humors kommen in dieser Geschichte zum Ausdruck: mangelnder Respekt vor der Obrigkeit und die Absicht, auf hinterfotzige Weise jemanden lächerlich zu machen. Nicht alle Bayern beherrschen diese Spielart des bayerischen Humors so vortrefflich wie Karl Valentin, aber es gibt in Bayern eine Reihe Nachfahren in seinem Geiste.

Zwei Bayern hocken am Stammtisch und unterhalten sich. Sagt der eine: »Hast as scho g'hört, der Sepp ist g'schtorm?«

Der andere: »Ge weida, wos hat eam denn g'fehlt?«

»Mei«, antwortet der erste, »z'Toad hot er se gsuffa.«

»Reschpekt!«

Kann gut sein, daß Sie darüber nicht lachen können. Humor ist manchmal eine schwierige Angelegenheit. Es ist auch nicht alles komisch, was komisch ist. Was ist überhaupt komisch? Auch das ist keine leichte Frage. Der große bayerische Dichter Jean Paul, übrigens ein leidenschaftlicher Biertrinker, hat sich über das Komische den Kopf zerbrochen. In seiner Vorschule der Ästhetik schreibt er über die »humoristische Poesie«: »Der Humor, als das umgekehrte Erhabene, vernichtet nicht das einzelne, sondern das Endliche durch den Kontrast mit der Idee.« Aha. – Wir wissen nicht, wieviel Bier er getrunken hatte, als er da draufgekommen ist, aber bestimmt nicht zu wenig. Egal, das mußte einfach einmal festgestellt werden. Wir wissen heut nur nicht mehr, wer darüber zu seiner Zeit gelacht hat. Wahrscheinlich auch schon keiner. Am Ende war es gar nicht komisch, was der Jean Paul zusammengedacht hat. Um ja keine Mißverständnisse aufkommen zu lassen, gell, recht hat er schon damit, unser Jean Paul. Es steht uns gar nicht zu, uns über ihn lustig zu machen, nur weil wir zu blöd dazu sind, ihm zu folgen. Seine Ausführungen zum Humor gehören jedenfalls zum Interessantesten, was es zu diesem Thema überhaupt gibt. Er schreibt ein bißchen kompliziert, sicherlich, aber Humor ist halt auch eine schwierige Disziplin. Im Grunde genommen meint er, daß alles Endliche vor dem Unendlichen nicht bestehen kann. Vielleicht will er uns damit sagen, daß auch ein Bayer sterben muß und danach sehr viel Zeit damit verbringt, tot zu sein. »Und das letzte Hemad hot koa Taschn!«

Wieder einmal kommt es also darauf an, von welchem Standpunkt aus man die Dinge betrachten will. So gesehen kommt in dem eingangs angeführten Witz der sogenannte Bierernst zum Ausdruck, der allerdings zum Lustigsten gehört, was man überhaupt erleben kann.

Bier und Humor gehen in Bayern eine enge Verbindung ein. Mit Bier geht halt vieles besser. Manchmal geht's auch ohne Bier. Die Erfahrung zeigt aber, daß man zumindest in Bayern zum Lachen ein Bier trinkt. Wir haben auf die wohltuende Wirkung des Hopfens für Leib, Geist und Seele bereits hingewiesen. Trinkt man in Bayern vielleicht auch deshalb gerne Bier, weil damit die Witze leichter zu ertragen sind als nüchtern? Bier als Toleranzelixier? Bei der alljährlichen Salvator-Starkbierprobe auf dem Nockherberg könnte das der Fall sein. Das soll aber nicht bedeuten, daß die Bayern nur lachen können, wenn sie betrunken sind. Aber es sieht so aus, als fiele es ihnen damit leichter.

Zum Lachen steigt die bayerische Elite der Staatenlenker einmal im Jahr zu Beginn der Fastenzeit auf den Nockherberg. Jener Berg gehört neben dem heiligen Berg von Andechs zu den wichtigsten Bergen Bayerns. Der Nockherberg liegt mitten im Münchner Stadtviertel Giesing am Isarhochufer und ist gut mit öffentlichen Verkehrsmitteln zu erreichen. Während man in Andechs neben der Klosterwirtschaft auch noch das Kloster selbst nebst Kirche besuchen kann, um Gott dem Herrn zu danken – was die wenigsten tun –, so beschränkt sich ein Besuch auf dem Nockherberg meist auf rein leibliche Genüsse.

Es ist gute Tradition, daß sich zur Eröffnung der Starkbierzeit die führenden Politiker des Freistaates *derblecken* lassen. Beim Derblecken handelt es sich um eine typisch bayerische Spielart des humorvollen Umgangs miteinander. Auf der Bühne steht ein bayerischer Kabarettist und feuert seine Pointen auf das Publikum vor ihm ab. Bei der Salvatorprobe auf dem

Nockherberg findet sich jedes Jahr ein besonderes Publikum ein. Es kommt die bayerische Gesellschaft der Großkopferten, um sich *naufschiassn* zu lassen: Das gesamte bayerische Kabinett sitzt beim Starkbier, um sich von der Bühne herab von bayerischen Kabarettisten derblecken zu lassen. Freilich ist das Bier oft stärker als der Witz, der zu ertragen ist. Man munkelt, daß sich in den Maßkrügen nicht immer Starkbier befindet, sondern oft nur ein Helles, und in seltenen Fälle trinkt einer aus dem Krug Mineralwasser. Aber offiziell wird der Eindruck erweckt, man tränke ein Starkbier beim Derblecken.

Dieses Derblecken ist auf eine animalische Reaktionsweise zurückzuführen. Wenn Affen die Zähne fletschen, so lachen sie nicht, sondern vollführen damit eine Drohgebärde. Auf dem Nockherberg sitzen zwar kaum Affen im Publikum, aber die Lacher des Publikums können als Drohung aufgefaßt werden. Die angegriffenen Personen zeigen ihre Zähne, indem sie lachen. Der Betroffene lacht über sich freiwillig oder auch gezwungenermaßen, je nachdem, mit wieviel Humor er ausgestattet ist. Beim Lachen entblößt er seine Zähne und zeigt sein Gebiß. Jeder, der Zähne zeigt, demonstriert damit auch die Möglichkeit zuzubeißen. Das Lachen beim Derblecken muß daher in doppelter Hinsicht verstanden werden: Einmal wird im Lachen deutlich, daß man sich und den Witz über sich nicht ernst nimmt, und gleichzeitig beinhaltet das Lachen ein mögliches Zurückbeißen, was bisher aber nicht vorgekommen ist. Meistens vollzieht sich das Ritual des Derbleckens in den üblichen Bahnen.

Es kam schon einmal vor, daß einer der anwesenden Politiker gar nicht lachen konnte. Nicht, weil er zuwenig Starkbier getrunken hatte, auch nicht, weil er zuviel *naufgeschossen* worden wäre, sondern im Gegenteil, weil er nicht gebührend derbleckt wurde. Denn noch verletzender ist, wenn man gar nicht drankommt, weil man für zu unwichtig erachtet wird. Lieber gscheit auf den Arm genommen, als überhaupt nicht wahrgenommen. Ein ehemaliger Vorsitzender der bayerischen SPD fand während seiner Anwesenheit auf dem Nockherberg wenig Gelegenheit zum Lachen, weil er nicht naufgeschossen wurde. Als er öffentlich von seinem Problem sprach, gab es doch wieder viel zu lachen, weniger für ihn, mehr für die große Anhängerschar der Spötter, die sich freuten, daß einer nicht lachen konnte. Man sollte schon lachen können in Bayern.

Sie werden bestimmt keine Gelegenheit haben, auf dem Nockherberg dabeizusein, wenn das große Derblecken stattfindet. Man wird dazu eingeladen, und man gibt sich die Ehre dabeizusein. Der Kreis der Geladenen ist beschränkt. Das bayerische Fernsehen aber überträgt die Veranstaltung in voller Länge, so daß auch das Volk am Bildschirm seinen Spaß haben kann.

Stellt man die Frage: »Haben Sie Humor?«, antworten die meisten Befragten mit ja. Alle haben Humor. Ganz klar. Nur wenn man ihn braucht, ist er nicht da. Wir können uns vielleicht darauf einigen, daß rein theoretisch Situationen denkbar sind, in denen auch in Bayern jeglicher Humor ausgeschlossen ist.

Als in Bayern die ersten BSE-Fälle zu beklagen waren und die zuständige bayerische Gesundheitsministerin durch besondere Unfähigkeit auffiel, machten sich Verbraucher und Bauern auf ihre Weise Luft. »So eine Sauerei! Do hört sich doch alles auf!« Und genau so ist es dann auch. Wenn sich alles aufhört, hat logischerweise auch ein irgendwie vorhandener Humor keinen Platz mehr. Meiner Erfahrung nach ist es aber eher unwahrscheinlich, daß in Bayern eine Lage entsteht, in der sich alles aufhört. In Bayern fängt meistens alles an, und danach geht's erst richtig los, und man fragt flehend: »Hört des denn nia auf?«

Aus, Äpfe, Amen

Nun kommen wir zum Schluß, der für mich genauso überraschend kommt wie für Sie. Aber besser überraschend als nie! Wir alle wissen, das Thema ist lange nicht erschöpft. Zu Bayern ließe sich noch viel sagen, und viele lassen sich auch viel sagen. Sie gehören dazu. Gratuliere! Und manche können einfach nicht aufhören, von Bayern zu reden. Da gehöre ich Gott sei Dank nicht dazu. Doch kann ich es gut verstehen, wenn einer von Bayern schwärmt, weil er sonst nichts anderes zu tun hat.

Es gibt sie tatsächlich, die Berufsbayern, die es sich zur Lebensaufgabe gemacht haben, über und zu Bayern zu sprechen. Und wenn man bedenkt, daß das schließlich auch jemand machen muß, ist es nicht so schlimm. Vor allem wir Bayern sind dankbar dafür, wenn sich jemand erbarmt, um uns zu erklären, wie rückständig wir, bei allen Fortschritten, die wir gemacht haben, immer noch sind. Zum großen Teil treffen die Analysen über den Stamm der Bayern zu. Wir sind halt nun mal dieses griabige, immer brünftige, wuid umananda bieselnde Südvolk, für das wir berühmt sind.

Ich will gerne gestehen, daß ich während der Arbeit an diesem Buch auch in der Gefahr stand, mich zum weiß-blauen Experten zu entwickeln. Von da wäre es nur noch ein kleiner Schritt zu einer typisch bayerischen Metamorphose gewesen, die im Endstadium einen ausgewachsenen Wolpertinger zum Ergebnis gehabt hätte. Diese wahrlich kafkaeske Verwandlung konnte ich gerade noch einmal abwenden.

Wolpertinger? Auch so ein bayerisches Phänomen von immenser Bedeutung, das in diesem Buch fehlt. Es fehlen überhaupt sehr viele ungemein wichtige Aspekte in dieser Gebrauchsanweisung: Die Guglmänner, der Geheimbund der Illuminaten, die Königstreuen und dergleichen wichtige Organisationen mehr. Ebenso fehlt eine gründliche Analyse der bayerischen FDP und ihr segensreiches Wirken auf Land und Leute.

Zu einem äußerst wichtigen Punkt, der nicht nur mir am Herzen liegt, sondern auch dem bayerischen Minister für Verbraucherschutz, muß ich nun noch ausführlicher eingehen. Jetzt geht's um die Wurscht.

Im ersten Kapitel dieser Schrift habe ich die Frage aufgeworfen, ob es in Bayern tatsächlich Würste gibt, die hören können? Das war selbstverständlich nicht ernst gemeint. Tatsache aber ist, daß die Redewendung von den Würsten, die das »Zweifeleitn net hören derfn«, in Bayern sehr gebräuchlich ist. Ich werde Sie deshalb nun noch mit den intimsten Geheimnissen der original Münchner Weißwurscht vertraut machen.

Gehört diese bayerische Spezialität nun gezutzelt, oder muß die Haut vor dem Verzehr von der Wurscht abgezogen werden, und wenn ja, wie wird dabei das Messer geführt? Wo wird die Weißwurscht vorschriftsmäßig gegessen, und vor allem wann?

Bevor wir nun diese letzten Fragen klären, darf ich, um meine fachliche Qualifikation in punkto Weißwurscht herauszustreichen, noch einmal auf meine Herkunft verweisen. Ich stamme aus einer niederbayerischen Metzgerei und bin hautnah, von Kindesbeinen an, mit der Produktion von Leberkäs und Weißwürschten und sonstigen Wurstwaren vertraut. An meiner Kompetenz als Sohn eines zwar ostpreußischen Metzgermeisters, der aber in Niederbayern die treue Kundschaft jahrelang mit Münchner Weißwürschten verzaubert hat, das möchte ich betonen, besteht nicht der geringste Zweifel. Zumindest von meiner Seite aus nicht. (Bösartige Zungen behaupten, ich hätte wenig Ahnung und mein Wissen über Bayern weise große Lücken auf. Das stimmt, vor allem was die Jahre 550 v. Chr. bis 1950 n. Chr. betrifft. Ich bin aber für jede Korrektur dankbar und freue mich riesig, wenn einer mehr weiß als ich.)

Also: Es stimmt! Die Weißwürscht dürfen das Zwölfuhrläuten nicht hören. Verkünden jedenfalls die Metzger, weil sie die Ware vorher verkauft haben möchten. Sie können die Weißwürschte selbstverständlich auch nach zwölf Uhr essen, allerdings müssen sie frisch sein.

Im Normalfall werden die Münchner Weißen in den frühen Morgenstunden produziert. So war es jedenfalls bei meinem Vater in der elterlichen Metzgerei. Ich war oft genug dabei, wenn die ersten Weißwürschte frisch aus dem Wurschtkessel gehoben wurden, um sie zu verkosten. Zu diesem Zeitpunkt gewährleisten sie den optimalen Genuß. Wer später zubeißt, muß mit Geschmacksabschwächungen rechnen.

Wenn Sie in einer Wirtschaft Weißwürschte kredenzt bekommen, wurden sie in der Regel zum zweitenmal erwärmt. Ein drittes Erwärmen dieser Wurstsorte ist möglich, aber nicht anzuraten. Je älter die Ware ist, desto grauer wird ihre Haut. Achten Sie also auf die Haut, sie muß glänzend weiß sein.

Und nun zum wichtigsten Teil: Wie ißt man die Weißwurscht richtig?

Die Antwort ist einfach und eindeutig: Es gibt eine genaue, vorgegebene Vorschrift, die wahrscheinlich seit mehr als tausend Jahren gilt, aber nirgends niedergeschrieben ist. Jeder Bayer kennt sie. Die Weißwurschtweisheit, wie man dieses Münchner Manna ißt, wird seit Generationen von Eltern an die Kinder weitergegeben. Die ursprünglichste und vermutlich reinste Form, diese Wurscht zu verzehren, ist das Auszutzeln. Dabei nimmt man die Wurscht in die Hand und saugt oder schlürft den Inhalt aus der Haut. So steckt in jedem Bayern ein Weißwurscht-Vampir.

Eine weitere, von Diplomweißwurschtessern erlaubte Art ist es, die Weißwurscht in der Mitte komplett durchzuschneiden und dann beide Hälften auszuzutzeln.

Gerade noch toleriert wird die Methode, die Wurscht in der Mitte querzuteilen und beide Teile mit dem Messer oder mit den Fingern vor dem Verzehr zu häuten.

Sollten Sie auf die Idee kommen, die Weißwurscht der Länge nach aufzuschneiden und ihr dann die Haut abzuziehen, so gelten Sie als unkultivierter Barbar.

Wenn Sie allerdings meine Meinung interessiert: Essen Sie Ihre Weißwurscht, wie Sie wollen, vor allem aber, solange sie noch heiß ist. Schauen Sie sie auf keinen Fall zu lange an, denn ich habe festgestellt, je länger die Wurscht auf dem Teller liegt, desto trauriger schaut sie aus.

Bert Brecht, ein erklärter Weißwurschtliebhaber, hielt sie für den höchsten Genuß: »Wenn man anfängt, sie zu verstehen, ist sie schon weg.« In diesem Sinne: Verstehen Sie wohl!

Bereits erschienen:

Gebrauchsanweisung für ...

Amerika
von Paul Watzlawick

Amsterdam
von Siggi Weidemann

Argentinien
von Christian Thiele

Barcelona
von Merten Worthmann

Bayern
von Bruno Jonas

Berlin
von Jakob Hein

die Bretagne
von Jochen Schmidt

Brüssel und Flandern
von Siggi Weidemann

Budapest und Ungarn
von Viktor Iro

Burgenland
von Andreas Weinek und Martin Weinek

China
von Kai Strittmatter

Deutschland
von Wolfgang Koydl

Dresden
von Christine von Brühl

Düsseldorf
von Harald Hordych

die Eifel
von Jacques Berndorf

das Elsaß
von Rainer Stephan

England
von Heinz Ohff

Finnland
von Roman Schatz

Frankfurt am Main
von Constanze Kleis

Frankreich
von Johannes Willms

Freiburg und den Schwarzwald
von Jens Schäfer

den Gardasee
von Rainer Stephan

Genua und die Italienische Riviera
von Dorette Deutsch

Griechenland
von Martin Pristl

Hamburg
von Stefan Beuse

Indien
von Ilija Trojanow

01/0004/07/L

Irland
von Ralf Sotscheck

Island
von Kristof Magnusson

Istanbul
von Kai Strittmatter

Italien
von Henning Klüver

Japan
von Andreas Neuenkirchen

Kalifornien
von Heinrich Wefing

Katalonien
von Michael Ebmeyer

Kathmandu und Nepal
von Christian Kracht und Eckhart Nickel

Köln
von Reinhold Neven Du Mont

Leipzig
von Bernd-Lutz Lange

London
von Ronald Reng

Mallorca
von Wolfram Bickerich

Mecklenburg-Vorpommern und die Ostseebäder
von Ariane Grundies

Moskau
von Matthias Schepp

München
von Thomas Grasberger

das Münchner Oktoberfest
von Bruno Jonas

Münster und das Münsterland
von Jürgen Kehrer

Neapel und die Amalfi-Küste
von Maria Carmen Morese

New York
von Verena Lueken

Niederbayern
von Teja Fiedler

Nizza und die Côte d'Azur
von Jens Rosteck

Norwegen
von Ebba D. Drolshagen

Österreich
von Heinrich Steinfest

Paris
von Edmund White

Peking und Shanghai
von Adrian Geiges

01/0005/07/R

Polen
von Radek Knapp

Portugal
von Eckhart Nickel

Rom
von Birgit Schönau

das Ruhrgebiet
von Peter Erik Hillenbach

Salzburg und das Salzburger Land
von Adrian Seidelbast

Schottland
von Heinz Ohff

Schwaben
von Anton Hunger

Schweden
von Antje Rávic Strubel

die Schweiz
von Thomas Küng

Sizilien
von Constanze Neumann

Spanien
von Paul Ingendaay

Südafrika
von Elke Naters und Sven Lager

Südfrankreich
von Birgit Vanderbeke

Südtirol
von Reinhold Messner

Sylt
von Silke von Bremen

Thailand
von Martin Schacht

Tibet
von Uli Franz

die Toskana
von Barbara Bronnen

Tschechien und Prag
von Jiří Gruša

die Türkei
von Iris Alanyali

Umbrien
von Patricia Clough

die USA
von Adriano Sack

den Vatikan
von Rainer Stephan

Venedig mit Palladio und den Brenta-Villen
von Dorette Deutsch

Vietnam, Laos und Kambodscha
von Benjamin Prüfer

Wien
von Monika Czernin

01/0006/07/L

PIPER

Teja Fiedler

Gebrauchsanweisung für Niederbayern

192 Seiten. Gebunden

Um es gleich vorwegzunehmen: Niederbayern hat weder ein Voralpenpanorama zu bieten noch das Fünfseenland, keine einzige Großstadt, keinen Profifußballclub und nur vereinzelt Lüftelmalereien. Aber den Bayerischen Wald und die Donauschleife. Die Herzogstädte Straubing, Deggendorf und Landshut. Die Fürstenhochzeit, den Politischen Aschermittwoch und das Scharfrichterhaus, die Wiege des bayerischen Kabaretts. Die Heimat des Hopfen. Haindling mit seiner Wallfahrtskirche. Das Bäderdreieck Füssing, Griesbach und Birnbach sowie die Heilige Dreifaltigkeit. Stockkatholische Sturschädel, barocke Opulenz und frommen Klassizismus, Schafkopfen und sinnenfrohes Watten, Fahnenweihen, Volksfeste mit handfesten Raufereien und echten Blaskapellen. BMW, modernste Unternehmen und florierende Privatbrauereien. Und den kleinsten ICE-Bahnhof Deutschlands, die stolzesten Maibäume und die besten »Weiberl« – womit keine Frauen gemeint sind …

01/1600/01/R

Thomas Grasberger

Gebrauchsanweisung für München

214 Seiten. Gebunden

Manch einer glaubt, München sei ein Lebensgefühl. Und dieses Gefühl ist weiß-blau, Dallmayr und Maximilianstraße, es ist Freizeit, Schickimicki und Voralpenland. Aber manch einer irrt. Denn München ist mehr als nur Oktoberfest und Hauptstadt der Bayern. Hinter den Kulissen der Film- und Bierstadt gibt es Interessantes und Historisches, Skurriles und Vielfältiges zu entdecken. Thomas Grasberger geht dem Homo bavaricus auf den Grund, und er erkundet für uns die Seele des »echten« Münchners. Er führt uns in die Zeit, als Schwabing noch Boheme bedeutete, als Giesing noch ein Arbeiterviertel war. Und er kennt sich im Englischen Garten ebenso gut aus wie an den Stammtischen der bayrischen Grantokratie. Manch einer wird in diesem Buch verblüffende Entdeckungen machen – und für jeden wird es ein ungeheures Vergnügen sein, München darin auf ganz besondere Weise zum ersten Mal zu begegnen.

01/1047/01/R

PIPER

Wolfgang Koydl

Gebrauchsanweisung für Deutschland

176 Seiten. Gebunden

Seit Jahren blickt Wolfgang Koydl aus der Ferne auf Deutschland. Mit feiner Ironie lotet er die Untiefen der deutschen Seele aus; er bietet unentbehrliche Tipps für den richtigen Umgang mit dieser eigentümlichen Nation von Bausparern, ADAC-Mitgliedern und Schnäppchenjägern. Ob als Heimat oder Reiseziel, für Einheimische oder Fremde – dieser Band enträtselt urdeutsche Geheimnisse: die Ordnungsliebe und den typisch deutschen Humor, die Dialekte, den Lokalpatriotismus und das scharfe »ß«, Karnevals-Prunksitzungen, Verkehrsregeln und Paragrafenreiterei, die Fußgängerzonen mit ihrem nicht tot zu kriegenden Sommerschlussverkauf unddie deutsche Küche zwischen Döner Kebab und Sushi, Toast Hawaii und handgekneteter sardischer Fischpaste.

01/1290/03/R